一 个 人 ， 遇 见 一 本 书

Top Book
饕书客

龚琛－著

# 通往来世的冒险之旅
## ——古埃及人的生活

An adventure to the afterlife

——The life of Ancient Egyptians

TopBook
饕书客
陕西新华出版传媒集团
陕西人民出版社

图书在版编目（CIP）数据

通往来世的冒险之旅：古埃及人的生活 / 龚琛著
. -- 西安：陕西人民出版社，2022.4

ISBN 978-7-224-14202-0

Ⅰ.①通… Ⅱ.①龚… Ⅲ.①社会生活—历史—埃及—古代 Ⅳ.① K411.2

中国版本图书馆 CIP 数据核字（2021）第 107996 号

---

出品人 | 赵小锋
总策划 | 刘景巍
出版统筹 | 关 宁 韩 琳
策划编辑 | 王 倩 王 凌
责任编辑 | 叶 峰 晏 藜
整体设计 | 哲 峰 杨亚强

TopBook
馨书客

---

**通往来世的冒险之旅：古埃及人的生活**

**作　　者** 龚 琛
**出版发行** 陕西新华出版传媒集团 陕西人民出版社
（西安市北大街 147 号 邮编：710003）
**印　　刷** 陕西隆昌印刷有限公司
**开　　本** 880mm × 1230mm 1/32
**印　　张** 8
**字　　数** 176 千字
**版　　次** 2022 年 4 月第 1 版
**印　　次** 2022 年 4 月第 1 次印刷
**书　　号** ISBN 978-7-224-14202-0
**定　　价** 55.80 元

---

如有印装质量问题，请与本社联系调换。电话：029-87205094

# 前言 PREFACE

1900年，梁启超在《二十世纪太平洋歌》中挥笔写下了一句释文："地球上古文明祖国有四：中国、印度、埃及、小亚细亚是也。"从那时起，国人都知道有个"尼罗埃及河名一岁一泛滥"的古国足以与五千年之中国称兄道弟了。

埃及文明是古代世界中最具规模的文明体系，当他们创造出气势恢宏辉煌灿烂的金字塔、神庙和文字的时候，同时代的其他民族大多还在茹毛饮血刀耕火种的状态。甚至当胡夫在尼罗河边建造大金字塔之后的数百年，我们中华民族传说中的夏文化还没有开始……

时光流转斗转星移，在时代洪流的冲击下，金字塔坍塌、神庙废弃、象形文字无人可识。古埃及文明消失殆尽，古埃及的种族血脉也不复存在。

要揭开埃及文明的神秘面纱，就必须了解埃及历史和埃及生活的点点滴滴。现在就让我们开始逆时间长河而上，慢慢感受埃及文明的特质吧。

# 目录

CONTENTS

古埃及文化同时拥有宽厚包容和赤裸歧视的特性。在环地中海文化圈中，古埃及文化可以做到容纳任何不同的思想和流派，并把它们编织在一起。古埃及人接受新东西的同时并不摈弃旧东西，他们习惯于将所有元素融合到自己的思想中。

与此同时，古埃及文化认为埃及之外的人类是愚昧的和未开化的，或者说他们不配被称为人。古埃及人口中与神和动物相区别的“人”特指埃及人，而生活在埃及周围的利比亚人、亚洲人或非洲人则不属于真正的“人”。这个古埃及人的定位并不是以肤色来衡量，它指那些居住在埃及、接受埃及文化和生活方式、信仰埃及神灵的任何种族和肤色的人——这与古中国的“夷狄入中国，则中国之，中国入夷狄，则夷狄之”说法颇有共通之处。

这种包容的“人”的概念是逐步发展的，它其实是古埃及人对现实妥协的进程。在埃及历史早期，排外的古埃及的父老乡亲们并不喜欢异族人，希克索斯人统治者遭遇到的反抗情绪就比较典型。后来一来是自己实在打不过入侵者，二来入侵者也主动选择定居于埃及并接受和融入埃及文化传统，于是经过漫长痛苦的磨合期之后，外来者被接纳为古埃及人中的一员。所以当亚洲人、利比亚人和努比亚人完全视自己为拉之子并信仰埃及神话的时候，出身于这些异族的国王也一样受到拥护和爱戴。

与其他的古代文明一样，古代埃及的文化传统也是社会生活与宗教神话紧密结合之后的产物。

埃及文化特别强调凡人与神灵的精神沟通，这是一个相信并依靠神话与魔法运转的国度。从国王开始的各级祭司以包装为魔法的统治手段控制国家，确保从个人生活到家国兴亡在内的一切事务都按照秩序和规律进行——这一切都被解释为神灵的安排。

好了，现在就让我们看看尼罗河边的世情百态，体验期待来世等待复活的古代埃及人生活吧……

# 第一章 神灵创造的世界

我是谁，我从哪里来，我到哪里去？

这三个问题是西方哲学的永恒命题，也是人对自己存在意义的探问过程。

这三个问题既深奥又实际，古代埃及人像其他古老民族一样创造出原始宗教和神话体系来解答这个永恒的问题。

在古埃及的文献中经常会出现“永恒”这个词，在象形文字中有两个表示永恒的词汇，一个代表太阳一个代表大地。其中太阳与白昼和拉相关，大地与黑夜和奥西里斯相关。太阳船载着太阳神每日从东方地平线上升起，巡游世界后返回冥界。

这个过程从创始之初便循环往复，这就是没有终点的永恒。这是日与夜的交替，是不同世界的循环，世界在这种永恒的更新中不断运转，信仰也在世代交替中不断延续。

## 时间的访客

当最后的法老消失之后，古埃及也一点点被历史的洪流侵蚀殆尽。在数千年的时间里，埃及之外的人只能通过历代访问者的记录来理解那个消失在时间长河中的古埃及文明。

2500 年前，曾有一位古希腊人希罗多德乘船环游地中海世界。

希罗多德出生于小亚细亚西南海滨的古城哈利卡纳苏，他生在一个名门望族之家，自幼受到良好教育。自从因为卷入城邦政治漩涡被放逐之后，希罗多德开始了一段跨越欧亚的漫长游历。他一边经商一边旅行，并将自己的所见所闻一一记录下来。

希罗多德写下的这部著作名叫《历史》，书中非常生动地叙述了西亚、北非以及希腊等不同文明区 20 余国度的山川河流、奇风异俗。

这部著作宛如古代地中海世界的“百科全书”，希罗多德记录下自己游历过程中见识到的各民族的生活图景，书中提及的地理环境、民族分布、经济生活、政治制度、历史往事、风土人情、宗教信仰和名胜古迹等内容，成为后世了解过去的一面魔镜。

正是在这部书中，他曾提及一个奇妙的梦幻国度：“我们今日乘船旅行的埃及是……尼罗河的赠礼。”

写下这段话的时候，希罗多德正坐在头尾两头上翘的横帆船上自北向南游历尼罗河，一种方位感上的上下颠倒令他产生了奇妙的错觉。

与世界上其他地区地理方位的上北下南不同，希罗多德来到的这个地方却是上南下北，他脚下的尼罗河正是从南向北流淌，令希腊旅行者感觉自己如梦幻般脱离了现实。

埃及是一个位于非洲东北部的伟大古国。

它占有亚洲西南角的西奈半岛，东隔红海，与阿拉伯半岛相望，西接利比亚，南连努比亚，虽然埃及的疆域广阔，但大部分国土都是不毛的沙漠地带，只有希罗多德游历的尼罗河河谷才算是真正的埃及。

早在希腊人抵达之前 4500 年，埃及的文明就在蜿蜒狭窄的尼罗河河谷中兴起。当希罗多德游历埃及时，那些壮丽的神庙、雕像、方尖碑和金字塔已经傲然屹立良久。

与今天旅游者见到的残破古迹不同，希罗多德目睹了一个“活着的”埃及。

当他抵达埃及时，祭司僧侣们正在每日郑重地清洗神庙里的神像，贵妇们化好浓妆戴上假发优哉出门，书吏盘腿坐在码头上奋笔疾书记录货物数据，防腐作坊里的工匠们念着咒语制作将踏上永生之路的木乃伊……

虽然埃及壁画早已描绘出远古时代巴勒斯坦和叙利亚旅行者的身姿，但西方世界还是从希罗多德那里才开始逐渐了解地中海对面的神秘国度。正是通过希罗多德等古希腊学者之笔，埃及的一切才在西方世界如此闻名。

继希腊学者之后，古罗马的旅行者们也踏上了埃及的土地。这些罗马人中身份最特殊的莫过于博学多才的罗马皇帝普布利乌斯·埃利乌斯·哈德良了。

哈德良是罗马皇帝中最具文艺范的一位，他除了杰出的军事才能之外，在文学、艺术、数学和天文等领域都造诣颇深。这是一位热爱旅行的皇帝，他在统治期间踏遍了罗马帝国的所有省份：公元 128 年，哈德良带着自己同性恋人安提诺乌斯抵达埃及。

在这片古老的土地上，哈德良兴致勃勃地在伊蒙霍特普三世的巨像上刻上自己的名字。但也正是在这次旅行中，安提诺乌斯溺死在尼罗河中。痛失爱侣的皇帝悲痛万分，他下令在尼罗河边修筑了安提诺乌斯城来纪念这位不幸夭折的美少年。

在哈德良之后，迦太基血统的罗马皇帝塞普蒂米乌斯·塞维鲁也曾踏上埃及的土地。这位第一位北非血统的罗马皇帝也将自己的名字刻在伊蒙霍特普三世的巨像上——这种“××× 到此一游”的不文明旅游行为拥有悠久的传统，两位乱刻字的罗马皇帝前有古人后有来者。

异教时代的罗马皇帝们大体上对供养帝国的埃及采取了宽容尊重的处理方式，毕竟埃及提供给罗马“各属地缴纳的贡品极多，金银之丰富难以想象，武器和马匹众多，象牙和香料满足了神庙献祭的需要，谷物和手工业原料堆满仓库”。所以皇帝们慷慨地以自己的名义在埃及兴建神庙，以取悦埃及的神灵。

这种情况随着基督教的兴起而一去不返，公元 391 年，狄奥多西一世下令关闭埃及的神庙。祭司们被赶出神殿星云流散，关于古埃及的一切也随之失传。

东罗马灭亡之后一直到 14 世纪，欧洲人再也无法轻易涉足埃及。前往耶路撒冷的基督教朝圣者只能在开罗周边逗留，他们口中的埃及只限于尼罗河三角洲的城市罗赛塔和达米埃塔，罗马毁灭带来可怕的知识断代，以至于这些欧洲人竟然把大金字塔当成圣经中描述的约瑟的谷仓……

重新“发现”埃及，要等到1798年拿破仑对埃及的征服行动开始时。正是这场虎头蛇尾的入侵行动，让欧洲人再度掀起了探访埃及的大旅行时代。

## 复活的象形文字

古埃及人早已不复存在，象形文字就成为后世了解埃及文化的主要渠道。

在第一章我们曾介绍过埃及象形文字的分类和演进过程，但在古埃及消亡后漫长时间里，后人对这种文字一无所知。

而这种令人惋惜的局面，在历史上一向由古罗马人来背锅——还记得第一章开头部分提到过的《马涅托编年史》毁于亚历山大里拉的大火么？这把火就是公元前47年恺撒进入亚历山大里亚城之后下令放的，亚历山大图书馆中的70万卷图书都随之化为灰烬。

本来这些文字还在数量少得可怜的埃及神庙祭司手里继承流传，随着公元391年罗马皇帝狄奥多西一世关闭异教神庙的命令，最后的祭司们化作鸟兽散，不久后象形文字也就变成了死文字。

这种局面持续近2000年后，忽然出现了神奇的转机，古埃及象形文字奇迹般地复活了！

这件事要从著名的罗赛塔石碑说起……

世俗体文字

圣书体文字

1798 年 7 月，拿破仑率领法国远征军进攻埃及以切断英国本土与印度的联系。这场远征虽然由于法国海军不给力而惨遭失败，但跟随拿破仑征服埃及的法军上尉皮耶耶·布夏贺在尼罗河三角洲的港口罗赛塔发现了埋在地下的黑色罗赛塔石碑。这块石碑的石膏复制品和拓片被拿破仑送回巴黎，石碑原件则被英军运到伦敦。

此后欧洲学者赶大集一般扑了上来，唯恐别人抢走了自己“破译象形文字第一人”的殊荣。为啥这些人底气这么足呢？正是因为碑文中有希腊文，这等于是在开启古埃及文字之谜的锁眼上插着钥匙啊！

大伙跑到石碑前定睛一瞧才暗叫一声“坑爹啊”——本想着来一把“连连看”就结束战斗，没想到 486 个希腊文单词对应的是 1419 个象形文字字符！

经过反复尝试解读石碑上的古代文字，学者们最后决定使用同一种极具智慧的方法——连猜带蒙。例如很多介绍破解历史的文章都提及了英国物理学家托马斯·扬格，按照流传最广的说法，扬格猜测通俗体象形文字中一个被重复了 6 次的带圈的字符应该就是希腊文中多次提及的“托勒密”，不得不说他这把蒙对了，但接下来的希腊单词和象形文字之间没法找到类似的直接联系。我们知道象形文字可以以任意方式书写，扬格无法确定它们是从左往右还是从右往左书写，在无法找出规律与希腊语对应的情况下只好放弃。

事实上扬格对罗赛塔石碑的贡献可不仅如此，而且在他之前已经有法国人德·撒西发现了世俗体文字中的“托勒密”一词，并且发现其书写方式为从右至左。瑞典人阿克布拉德则在德·撒西的基础上发现了“神庙”“希腊人”“他”和“他的”等世俗体文字。

扬格尝试破译时，他已经意识到前人所犯的错误，提出了象形文字存在表音字符和圣书体与僧侣体是同等的文字这两个概念。扬格确定了许多学者对王名圈的猜测，肯定地指出写在里面的正是埃及国王和王后的名字。他在对其他埃及文献进行分析时破解了托勒密五世和克娄巴特拉七世的名字，并将其与罗赛塔石碑的内容相对照获得了验证。扬格掌握了 86 个古希腊单词和世俗体文字的对应关系，还提出了世俗体文字的读音方式——虽然绝大部分被证明是错误的……

总之，虽然欧洲学者们的“连连看”游戏失败了，但他们至少弄清了碑文中希腊文字的含义，确定了这是埃及祭司献给托勒密五世的颂词，这段溜须拍马文字的最后一句非常关键：祭司们想把此消息晓喻天下，决定用三种文字刻成碑文。也就是说除了古希腊文以外，剩下的两种字体正是两种象形文字，而且三段文字的内容是一模一样的！

钥匙依旧插在锁眼上，但正确转动它的那个天才要多年后才出现。

埃及学之父，破译了象形文字的让·弗朗索瓦·商博良

就在拿破仑远征埃及的那一年，一个名叫让·弗朗索瓦·商博良的法国少年被远征埃及的消息深深吸引，天天守在其父的书店里阅读报纸上有关埃及的新闻。

商博良在5岁时就表现出惊人的语言天赋，尤其是对古代文字拥有惊人的领悟和洞察能力。在他11岁时看到学者破解罗赛塔石碑失败的新闻后，他便对家人朋友表示："总有一天我会弄明白它！"

1807年，在命运的指引下，商博良终于来到巴黎。

这位18岁的天才少年站在折磨欧洲学术界20年之久的罗赛塔石碑资料面前，开始了艰苦卓绝的破译工作。为了找到与古埃及文字之间的关联，他学习并掌握了希伯来文字、阿拉伯文字、巴比伦文字、波斯文字、梵文，甚至接触过中文，最终他猜测埃及的科普特语与古埃及语言存在继承关系，于是将自己改造成一个科普特人，整天以科普特语言讲话、思考甚至是写日记，终于确定了科普特语正是古埃及语言的唯一遗存。

在近20年的刻苦努力中，商博良也一样从托勒密的名字入手，但他与之前所有学者比起来有个独特的优势——他掌握了1000多年前古埃及人后裔使用的语言。根据扬格的成果，商博良将象形文字中的托勒密转化为拉丁文字，结果发现和希腊语比起来拉丁文字少了元音字母。在拉丁文字中只有元音才是真正用声带发音的音素，一个单词里没有元音字母就不存在音节，也就不能使声带发出声音，自然无法让别人听懂自己在说什么。

商博良认为希伯来文和阿拉伯文也常有将元音脱落不写的习惯，所以象形文字的翻译出现这种情况应该不足为奇。

终于找到了打开罗赛塔石碑象形文字之锁的正确方式。

商博良在前人启发下认为托勒密既然是一个希腊姓氏，那么用古埃及文字肯定无法以直接表意的象形方式写出来，只能用一些符号来对舶来品进行音译，也就是说这些象形文字不仅表意而且也表音。

于是商博良利用他熟悉的科普特语，找来托勒密王朝中另一个常见女性名克娄巴特拉进行验证，并进而发现了亚历山大大帝的象形文字词汇，紧接着古罗马时代的一系列皇帝名字也被破译，最终他确定埃及历史上所有外来法老的名字都是用一种由特定象形文字组成的字母表拼写而成。

这是一个伟大的发现，但对于破译象形文字整体还只是杯水车薪。

经过细致耐心的刻苦努力之后，破译工作再度出现了突破口：商博良在埃及纸草文献中发现了一个由带王名圈的三个字符组成的国王名字，其中第一个是太阳图形，后两个则在已被他破译出读音的字母表中。

知道根据科普特语发音，字符中的第一个太阳标志应该念“拉”这个音，如果假定科普特语对这个字符的发音与古埃及语言一致的话，那么加上后两个字符的发音念出来就是——拉美西斯！

这是一个石破天惊的发现，一个埃及本土国王的名字被破解了！正是由拉美西斯这个名字为突破口，商博良证明了象形文字既有表音也有表意的构成形式。

1824 年，商博良完成了对罗赛塔石碑碑文的全文翻译，并编制出完整的埃及文字符号和希腊字母的对照表，他将这份提交给法兰西科学院的研究成果概括称为“埃及象形文字体系”。

1826 年，商博良被任命为罗浮宫埃及古文物收藏馆馆长。

1831 年，商博良担任法兰西学院埃及史和埃及考古学讲座教授。

1832 年 3 月 4 日，积劳成疾的商博良英年早逝，年仅 42 岁。

商博良的破译成果在他在世时、英年早逝后，乃至现代一直不乏质疑者，但这些质疑都被淹没在考古发现对商博良成绩的一次又一次验证之中。正是在商博良破译罗赛塔石碑的鼓励下，西方各国学者以狂热的激情陆续投入对埃及历史文化的研究和解读之中，埃及学作为一个针对文明古国的专门学科也就此诞生，这是史上独一无二的特殊现象。

埃及学引发了持续至今的埃及考古发掘热潮，大量的象形文字典籍被解读出来，数不清的神殿、坟墓的浮雕和方尖碑文字被后世解读，琳琅满目的王室赦令、政府公文、商业记录、医学文献、战报、教谕、史诗、散文、故事等纸草文献为后世展示了无比灿烂的古埃及文明。

这一切的成就，正是由于商博良这位天才的出现——“苍天不生商博良，埃及万古如长夜”。

## 埃及的神灵

埃及文明的兴起衰亡，与埃及神话和宗教的发展历程紧密交织在一起，要揭开埃及文明的神秘面纱，就必须了解埃及神话的点点滴滴。

这一切正如威尔·杜兰说过的那句话：“你不了解埃及的神，便休想了解埃及的人。”

卢索克神庙的方尖碑

隼化身的阿蒙－拉黄金像

古埃及的时间跨度是如此之大，以至于他们对于神灵和世界起源有多种不同看法，由此也带来异常复杂多样的神话。从很早之前开始，埃及先民的定居点不论有多大，都会修建圣坛供奉自己的神灵。

在前王朝时期的绘画陶器上，已经出现了荷鲁斯隼鹰和耐特女神的箭等神灵象征物。在上下埃及的不同地区，人们将河马、公牛、猪和名为塞特的动物拟人化，并与各地的守护神相联系。

地方守护神则慢慢演变成诺姆神，每一诺姆均有某一种动物或少数植物或其他东西作为自己的主神加以崇拜。在底比斯之类的地方，地方首脑同时也是地方神灵的大祭司。最终埃及的 42 个诺姆都拥有了各自的地方神灵体系。例如上埃及的第十七诺姆就是豺诺姆，因为它的守护神是阿努比斯；第十五诺姆是野兔诺姆，它的守护神是图特和赫利奥波利斯的八神团。

公元前 4 世纪的《尤米尔哈克纸草》中，讲述了塞特的追随者曾在豺诺姆的一座山丘上聚集，但阿努比斯在夜间将他们的头颅全部砍下，鲜血让当地一直出产红色矿石。这部纸草讲述的虽然是豺诺姆的地方神话，但这个神话依然从属于荷鲁斯与塞特争斗的国家整体神话之中。

埃及的每个诺姆都如豺诺姆一样有自己的地方性圣灵、圣地和圣物，在埃及各地出土的纸草文献上记录了埃及各地不同的节庆、禁忌等风俗，各地的墓地形式、神圣的动植物、圣地和圣湖都各有千秋——总而言之，古埃及人虽然信仰古埃及神话，但同一时期的埃及人拜的不是同一批神。

就拿埃及常见的尼罗鳄来说吧，这种危险的动物在法尤姆是备受尊敬的神圣鳄鱼，人们认为它们代表了仁慈的河水和沼泽之神索贝克神。而一旦这些鳄鱼游到邻近的诺姆中，又不巧碰上了纪念奥西里斯神的宗教活动，那么立刻会被虔诚而群情激奋的当地乡亲们列为猎杀目标——鳄鱼，那可是邪神塞特的队伍！当初跟着塞特谋害奥西里斯和荷鲁斯爷俩的就有它，现在撞上了能叫它跑了吗？老少爷们抄家伙上！

上下埃及自第一次统一开始，就从没成功地实行统一的宗教神话体系建设。所以古埃及的神话是一个奉行多神信仰的宗教系统，数十个诺姆的神灵被集中在一起，至今埃及学家也没能完全搞清这一庞大的神明系统。

在古埃及的漫长历史中，不同王朝的国王都把自己家乡的地方神抬高为国家主神。为了树立新主神的威信，国王的祭司们百般设计新神灵的神话故事，于是便有了许多轮流执政的太阳神、死神、冥府神和守护神。

就这样，后人从古埃及的文献中看到了拥有空前复杂亲属关系的，并且不断融合的埃及神灵。诸神之间令人费解的融合和变形会神奇地获得新的名字和更大的能力，例如之前我们提过的太阳神拉和阿蒙神融合成太阳神阿蒙－拉。

当年在商博良破译象形文字之后，埃及学的研究者曾经满怀希望地试图切实了解古埃及神话体系。随着大量象形文字被翻译成西方文字，学者们却失望地发现刻在神庙墙壁上的铭文大多是国王向神灵奉献的供品清单，棺木上的咒语也局限于保护死者安全通过冥界，等等。学者们期待已久的像圣经一样的埃及神话集成内容从来没有出现过，他们得到的只是一大堆关于神话的碎片和只言片语。

通过总结古希腊学者的记录和近现代破译的象形文字，我们可以得到一个模糊的古埃及神话核心内容：

“当一切开始的时候，造物主诞生于原初的海洋努恩之中——随着第一块土地奔奔石从努恩中升起，太阳神或太阳之子出现了，世界迎来了第一次日出。

太阳神受到混沌势力的威胁，又被保护他的神灵们救出。

太阳神用自己的体液、思想、语言和双手创造出生命，人们从愤怒的拉神之眼的眼泪中跃出。

空气之神分开了大地之神和天空女神，于是埃及作为神界的一部分被创造出来。

当这一切出现后，代表混沌的伊斯菲特和代表秩序的玛阿特开始无休止地持续战争。

太阳神失去了他的眼睛所化成的女儿和保卫者，但最终这位女神被说服回到父亲身边。

太阳神遭遇到人类和神灵的背叛，他毁灭了大多数人类之后离开大地来到天国。

埃及最早的国王奥西里斯被他的弟弟塞特谋杀，奥西里斯的姐妹伊西丝和奈芙蒂斯找到奥西里斯被肢解的身体。

伊西丝复活了奥西里斯的身体，并孕育出他俩的儿子荷鲁斯。

奥西里斯被制成木乃伊保护起来，以免遭到塞特的攻击。

神圣的母亲伊西丝在沼泽地里生下荷鲁斯，小荷鲁斯被混沌生物下毒谋害，后来又被某位神灵治愈。

赫利奥坡利斯神学的创世之神阿图姆

长大后的荷鲁斯与塞特为争夺埃及的统治权而战，在混战中塞特的睾丸受伤，荷鲁斯则失去了他的眼睛。荷鲁斯受伤的眼睛被一位可能是图特的神灵复原，而塞特最后被击败后放弃了王位，荷鲁斯为他的父亲复仇成功。

荷鲁斯成为人间之王，奥西里斯成为死者的审判官和冥界的统治者。

太阳神每晚都要进入冥界，这时诸神和幽灵都要保护他的身体，使之免遭混沌怪兽阿波斐斯的攻击。

太阳神联合奥西里斯实施者复活。

夜晚结束，太阳神在黎明升起更新万物。

最终造物主感到厌倦，他返回原初的海洋，世界随之回归混沌。”

虽然我们对埃及神话的了解依旧处于考据猜测的阶段，但纵使是这些残缺不全的内容也足以让我们了解这个已经消失的伟大文明，让我们能够体会古埃及人的核心社会准则。

这些神话内容虽然历史悠久，但并不意味着它们出自祭司之口我们便要怀着敬畏之心去接受全部内容；那些涉及性爱的内容虽然鲜明露骨，但也不必因此而认定古埃及文化是粗俗不堪的低等文明。

研究埃及文化，需要透过现象看本质。例如在荷鲁斯与塞特的争斗故事中，诸神在做出判决前都需要在神界法庭上陈述理由，哪怕是尊贵如太阳神，他的老糊涂决定也会遭到其他神的驳斥指责——从中可以看出正义公正的概念在古埃及人心中是何等重要。

古埃及的神灵中既有动物神，也有半人半兽神，也有人神合一神和女神，这种状况随着时间的推移一直共存，而非依次淘汰逐次替代。这种现象本身就是历时几千年的一部原始宗教进化样本，它显示了古埃及宗教发展过程。世界上的原始宗教大都经历过类似由动物—人兽—人的发展过程，但唯有埃及神话的全过程是完整显现出来的。

埃及神话的由自然崇拜和动物崇拜、万物皆神的状态向神明由人担当的过程，为古希腊多神教和后来的一神教的产生提供了神学基础。而今天我们所了解的古埃及神灵，大多源于同样信仰多神教宗教的古希腊学者的考据。

古希腊人深受包括埃及在内的“东方世界”文化影响，他们将埃及神话概括为三大神学体系：赫利奥坡利斯神学、赫尔摩坡利斯神学和孟菲斯神学。

赫利奥坡利斯是下埃及第十三诺姆的首府，在希腊语中的意思是太阳城，顾名思义这里是太阳神的崇拜圣地，希罗多德曾经描述过那里举行的太阳祭。

赫利奥坡利斯神学中的宇宙由太阳神阿图姆创造，他的具象是原初甲虫。原初甲虫是埃及人心目中的圣甲虫，它们的甲壳可以在强烈阳光下闪出青铜、翠绿或者深蓝色的神器光芒。有一个非常令人激动的事实是在中国也有圣甲虫存在，不过我们一般称其为“屎壳郎”……

关于圣甲虫为何在埃及神话的宇宙论中占有如此重要地位的原

因，一说是圣甲虫推着粪球象征着太阳神每天从天神努特的子宫——东方地平线中诞生；另一说认为象征着它将旭日从冥界中推出。无论如何，圣甲虫崇拜的起源应该与古埃及发达的农业关系密切，埃及人无疑是将耕作时常见的屎壳郎推粪球与天空中太阳的运转联系起来。

在赫利奥坡利斯的创世神话中，以原初之水努恩为万物之始，努恩充塞宇宙四方，形成无尽的混沌，此时的宇宙全是黑暗与无形的混乱。

在这片苍茫无垠的原初之水中，首先出现了一块原初小丘——以现代人的逻辑而言，古埃及的原始逻辑思维充满了悖论和悖谬：既然混沌之水充斥了一切空间，那么又是从哪里来的水面可以让小丘露出水面呢？

人类一思考上帝就发笑，埃及人一讲逻辑研究者大脑便短路。所以不必在逻辑的漩涡中挣扎，继续赫利奥坡利斯的创世旅程吧。

原初小丘也被称为原始丘，它即是最古老的原初之神阿图姆。阿图姆后来与太阳神拉构成复合神，再加上努恩，就构成了诞生埃及绿洲文明最重要的水（努恩）、土（阿图姆）和阳光（拉）三元素，而阿图姆出现在努恩之中，反映了尼罗河每年一度的洪水吞没尼罗河谷，

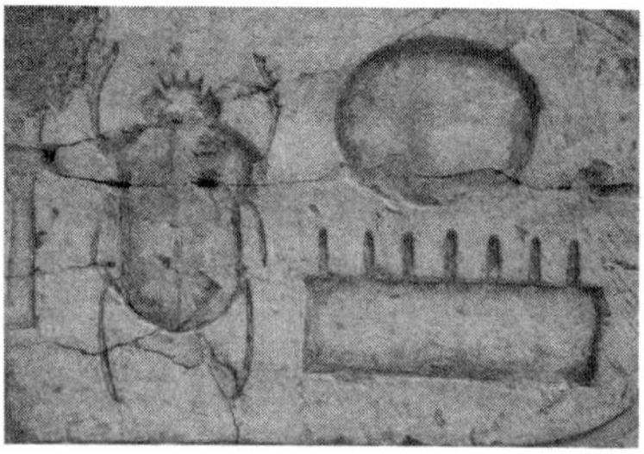

阿图姆的具象是原初甲虫

洪水消退后无数小丘显露出来，布满淤泥的肥沃土地上很快就神奇地布满了各种生命：草木、花卉、昆虫、动物，以及埃及先民。

由赫利奥坡利斯祭司撰写的金字塔铭文第600号祝词中这样歌颂阿图姆的诞生："啊，阿图姆！你诞生之时升起如山，你像圣坛之石，在赫利奥坡利斯的凤凰神庙中璀璨生辉！"

在全部埃及神话中，赫利奥坡利斯体系拥有最为系统的神谱。在神谱中的众神都是阿图姆的后裔：金字塔铭文第527号说原初之神阿图姆最初独自待在世上而倍感寂寞，于是将自己的阴茎放在手中摩擦获得射精的快感，生出了舒和泰芙努特两兄妹。

埃及神话中一神兼具两性的例子特别多，原初之神具有不受性别限制、无须性伴侣就能自我繁殖后代的特质。除了阿图姆之外，尼罗河之神哈比和孟菲斯的普塔神、底比斯的穆特神也都属这类特质。甚至包括伊西丝女神，也曾在巴黎罗浮宫第3079号纸草文献中被如此记载："尽管我是个女人，我也要变成一个男子。"尽管伊西丝说这话的前提是为了使丈夫奥西里斯的名字永存人世，但埃及学者认为这并非一般性的悲伤寡妇在丈夫灵前诅咒发誓，而是表现出埃及人独特的逻辑思维方式。古埃及人认为神灵同时拥有男女两性的能力是正常而自然的现象，这反映了他们原始自然的生理观，是先民原始生殖崇拜的一种特殊表现形式。除了伊西丝之外，荷鲁斯之子、照管木乃伊肝脏的依姆塞特在中王国时也被表现为一个没有胡须并拥有女性黄肤色的两性同体形象。

赫利奥坡利斯体系中除了手淫神话之外，还另有一脉口生神话讲述阿图姆从口中吐出了舒与泰芙努特两兄妹。埃及学家认为这种口生

舒将天空与陆地分开

盖布与努特生下奥西里斯、伊西丝等子女都兄妹成婚

神话是与手淫神话相辅相成，表达了古埃及人通过神圣的语言或生命的呼吸来创造生命的思想。这两种神话在赫利奥坡利斯体系中并存不悖，前者强调的是自然、生理和物质的一面，后者侧重的是理性、心理和精神的一面。

舒是古埃及的风神，舒的妹妹和妻子泰芙努特是雨神。

舒是“黑暗中的空间，是光明与空气，是生命的显现，他是黎明的微风，太阳的前导，他的光明使物形显现，使美充盈于空中”，泰芙努特则象征着“世界的秩序”。他们生下了大地之神盖布和天空女神努特，完成了开天辟地的伟业，带来了第一次黎明。舒的头上戴有鸵鸟羽毛的头饰，双手分别握着权杖和生命的象征安克架——这是只有神灵和国王才有资格持有的。泰芙努特是有母狮之首的女神，偶尔也表现为一只完整的狮子。

舒将天空与陆地分开，埃及人时常祈祷舒带来顺风以便于他们在尼罗河上的航行。当泰芙努特的眼泪洒落在大地时，地上的植物便繁荣生长。泰芙努特是一位暴脾气的女神，她曾带着水和湿气飞到了努比亚，让埃及的土地干涸民不聊生。她还变成一只狮子四处杀戮以宣泄对太阳神父亲的愤恨，思女心切的太阳神派舒和图特劝说泰芙努特返回埃及，于是救命的甘霖才重回埃及大地。

在另一版本的故事中，阿图姆曾派遣自己的儿女舒和泰芙努特外出勘探茫茫原初之海。舒和泰芙努特一去不归，于是阿图姆又派出自己的一只眼睛去寻找他们。独眼费心尽力地把舒与泰芙努特找回后，却看见阿图姆已重新创造另一只眼占据了它原来的位置，无家可归的独眼勃然大怒，变成一条眼镜蛇找阿图姆算账。阿图姆安抚眼镜蛇后将其盘在前额，作为王冠上的护符。

舒与泰芙努特生下地神盖布和天神努特。

作为大地之神，盖布通常全身呈象征生命的绿色，植物从他的背上发芽，水从他的身体里迸发。努特最常见的形象是一位身体伸长横贯大地的女性，她的双手和双脚能触及大地的东方和西方的边界。

每天当太阳落下时努特吞下太阳，因此黑夜到来了；到了早晨努特给予太阳重生，太阳便从地平线出现。在古埃及，有关盖布和努特两位神的最常见的景象是盖布斜躺在底下，努特弓起身子在盖布之上，他们的姿势象征着天与地分离，人们在他们中间生活。

盖布与努特生下奥西里斯、伊西丝、塞特以及奈芙蒂斯。这四个子女分为两对配偶，分别代表上下埃及，其中两位儿子都被视为王者之神即法老的化身。大哥大姐奥西里斯和伊西丝代表着下埃及农业文化，小弟小妹塞特和奈芙蒂斯则代表着上埃及的游牧文化。

奥西里斯是冥王和亡者之神，他最常见的形象是一个被绷带包裹着的木乃伊，头上戴着“阿特芙王冠”，手里分别拿着象征国王权力的“连枷（一种打谷的工具）”和“弯钩权杖”。对奥西里斯的崇拜遍布整个埃及，但是最大且最重要的地点位于古埃及早期的王室墓地阿拜多斯。

伊西丝是生命、魔法、婚姻和生育女神，她最常见的形象是一位头上戴着王座的女性，她的一只手拿着“安克架”，另一只手里握有莲花杖。在古埃及，她被视为伟大的母亲和忠贞的妻子、大自然、魔法、亡灵和幼童的守护神；她是奴隶、罪人、手工业者和受压迫者的朋友；她也听取富人、少女、贵族和统治者的祷告。伊西丝体现了

壁画上的底比斯三神：阿蒙、穆特和孔苏

理想女性作为妻子和母亲的所有道德与良知，埃及人相信魔力无比强大的她知晓所有的秘密，并能影响天空、大地和死者的世界。

塞特是混乱、邪恶、黑暗以及沙漠和外国之神，他常见的形象是一位有着动物头人身的男性，在他的手里也分别拿着权杖和安克架。在奥西里斯神话中，塞特用计谋杀了自己的兄长奥西里斯夺得了埃及王位。后来，在荷鲁斯长大后，他找到叔叔塞特为父亲报仇并夺回了王位。

奈芙蒂斯是丧葬女神，她守护房屋和死者，同时也是生育之神。她常见的形象是一位穿着修长紧身裙的女性，头上戴着一个表示她名字的头饰。在她的双手中分别拿着权杖和安克架，奈芙蒂斯是塞特的妻子，同时也是伊西丝最忠诚的同伴。她曾背着自己的丈夫塞特，和奥西里斯生下了阿努比斯。

荷鲁斯是战神和法老守护神，是神圣王权的象征。他最普遍的形象是一个鹰头人身的男性，头上戴着象征着埃及统一的双王冠，他的左手拿着权杖，右手拿着连枷和安克架。

阿图姆、舒、泰芙努特、盖布、努特、奥西里斯、伊西丝、塞特以及奈芙蒂斯构成了赫利奥坡利斯体系的九柱神，在这个体系中也发生了荷鲁斯与塞特争斗的故事。

在赫利奥坡利斯版本的神话中，经盖布召开九神会议审判，盖布先是让荷鲁斯与塞特分别担任上下埃及之王，后来又变卦将全部遗产给了他孙子荷鲁斯，而自己做了上下埃及之王。

在上埃及的智慧和月亮神图特之城赫尔摩坡利斯，同样产生出继承赫利奥坡利斯神学内容，并发展出自我理论的另一神学体系。两体系之间最大的不同是太阳不再作为宇宙进化中最初的一环，而是成为最后的一环。

赫尔摩坡利斯神学的创世学说同样起源自天地之间的混沌之中，当世界仍沉默在洪水之中时，原初之鹅生蛋的叫声打破了死寂，带来了辉煌的生命。此外还有一种更普遍的说法是四对蛙和大毒蛇连接它们的生殖力而创造了一个卵，卵被放在水中浮现出来的小丘上，从这个卵中产生了八神团并组成了四对配偶。

八神团名单如下，其中女神的名字由男神的名字转化而来：

努恩和努涅特，代表原初之水；

哈赫与哈乌特，代表永恒；

库克和库克特，代表黑暗；

阿蒙与阿蒙涅特，代表空气等不可见的神秘事物。

在第一对出现的神灵眷侣中，努恩的形象往往被描绘为一个蛙头人，而其妻努涅特女神为毒蛇头的女人。其中青蛙代表着自混沌中来的复杂而精细的创世过程，蛇是尼罗河洪水退去后重现的第一种动物，代表了“新生”的力量。

努恩由于代表原初之水的身份，被看成是赫尔摩坡利斯诸神的创造者，通常把他称为“诸神之父”。但后期阿蒙取代了他的位置，成为伟大的太阳神造物主。

赫尔摩坡利斯宇宙创始神话及其有关的八神团的传说保存在各种文献中，在金字塔铭文中讲到了八神团中的最先和最后的两对神时

夏巴卡法老献祭石碑

说：“你的献祭糕饼属于你，守护了诸神的努恩和努涅特，警卫了诸神的努恩和努涅特。你的献祭的糕饼属于你，守护了诸神的阿蒙和阿蒙涅特，警卫了诸神的阿蒙和阿蒙涅特。”

八神团以意念在努恩的身体——也就是原初之水中创造了第一块干燥的火之地。在那里，诸神创造了他们的儿子——原初之蛋。原初之蛋经由阿蒙的呼吸而受精，最终孵化出了负有创造一切其他的神、人、动物、植物等义务的神。

另一个版本是八神团以意念在原初之水中催开了莲花，从莲花中诞出了诸神。

八神团完成开天辟地的工作，共同统治世界，他们还参与了太阳的升起和尼罗河的泛滥，这两者对于埃及的意义无须多言。

在成熟期的赫尔摩坡利斯神谱中，风神舒、雨神泰芙努特和地神盖布、天神努特都由阿蒙所生，这时阿蒙的妻子被称为穆特，再加上他的儿子孔苏，这一家神凑得齐齐整整，被统称为“底比斯三神”。

阿蒙神通常被描绘为人形，他常见的形象是头戴一个头箍，由头箍上笔直伸出两根鹰或者鸵鸟的羽毛，他的代表神兽是鹅和公羊。在埃及的宗教神像中，阿蒙经常被以羊面狮身的形象来展现。当新王国时期底比斯的实力强大之后，阿蒙神与太阳神拉结合成为阿蒙－拉神。阿蒙对埃及以及埃及以外的世界影响甚大，有种说法认为基督教祈祷词中的“阿门”来自犹太教，而犹太教中的这个词又来源于埃及神话中阿蒙的名字。

穆特就是阿蒙奈特，穆特在埃及语言中的意思是“母亲”，她常见的形象是头戴上下埃及的双王冠的女子。当阿蒙与拉合并后，穆特也与赫利奥坡利斯神学中荷鲁斯的妻子阿哈尔合并。但最终被广泛流传到世界各地的女神形象依旧是伊西丝。

孔苏常见的形象是头戴着月亮轮盘的鹰脸男人，或者是头戴着月亮轮盘的木乃伊。在埃及民间故事中，孔苏与另一位月神图特下斯奈特棋时以自己的月光为赌注，结果图特赢了比赛，因此孔苏只有在满月之时才能展现自己所有的光芒。

大英博物馆中藏着一块“夏巴卡石碑”，这块石碑在公元前 8 世纪左右时由第二十五王朝的黑蜀黍国王夏巴卡下令建造，它被工匠细心地雕刻完成，其内容是一卷当时已被虫蛀的古代纸草文献的复制品。

当几千年过去以后，这块石碑在位于开罗西南 23 公里处的孟菲斯普塔神庙遗址附近被发现。虽然古埃及的神话和文化早已断代消失，但当地人并没有冷落这块石碑——埃及的乡亲们把黑法老陛下的神圣石碑当成磨盘使用，石碑上的一部分神圣象形文字已经和麦子一起变成了粉末……

石碑记载的内容被称为孟菲斯神学，它是古埃及三大神学流派之一，关于古埃及的世界起源观念和奥西里斯神话传说，正是通过这块古代夏巴卡的石碑或者说是近代埃及人的磨盘而来的。由于石碑上的文字不完整，所以很多神话的细节是后世推测补充的。这也说明了关于埃及历史文化的一切资料能保存下来是多么的艰难，其中的细节随时会因为新发现的考古证据而发生颠覆性变化。

孟菲斯神学体系中包含不止一个创世神话，这个体系的起源可以追溯到 5000 年之前。

夏巴卡石碑上的内容包括四部分，全部以第三人称的口吻进行讲述：第一部分描写了夏巴卡陛下这位崇拜普塔－塔－泰纳神的上下埃及之主如何复原古代的文献。第二部分是关于王室宗教仪式的内容，将王权的历史追溯到荷鲁斯与塞特争夺王位的大辩论中。由荷鲁斯祖父盖布召集的众神法庭最初裁决由塞特做“他出生之地”上埃及的统治者，荷鲁斯做“他父亲被溺死之地”下埃及的统治者。但最后大家同意由荷鲁斯成为唯一的国王来保障埃及的统一。第三部分描述了奥斯里斯之死与塔普神创世的过程，荷鲁斯在获得胜利之后也被认定为孟菲斯的守护神普塔－塔－泰纳。第四部分讲述了宇宙的起源，以及塔普神与复活的奥西里斯神结合成塔普塔－索克尔－奥西里斯，这位复合神负责复活被埋葬在孟菲斯坟墓中的死者，使他们得到永生。

孟菲斯神学的创世神普塔

夏巴卡石碑中描绘的创世理论是这样的：

经由普塔而存在的神明：

在伟大宝座上的普塔。

普塔－努恩，阿图姆之父。

普塔－努涅特，阿图姆之母。

伟大的普塔是九神的心与舌……

阿图姆的形象在心中、在舌头上成形。因为伟大的普塔经由他的心和舌赐给所有的神明和他们的卡以生命。而荷鲁斯以普塔之形象出现，图特以普塔之形象出现。

所以心与舌控制四肢，因为他（心、舌、普塔）在所有神明、人、生物的身体中和嘴中，想他所爱想的，说他所希望说的。

他（普塔）的九神在他之前，如牙齿和嘴唇。他们是阿图姆的精液和双手，因为阿图姆的九神乃是经由他的手指和精液而出生。但九神又是这嘴中的牙齿，宣读所有事物的名字，苏和特芙奴由此而出生，九神由此而出生。

视力、听力、呼吸——他们向心报告，产生所有的了解。而舌头，它重复心所构思的事。于是所有的神明都诞生了，他的九神完全了。因为神的每一句话都是经由他的心所构思，舌所说出的。

是经由这些话，所有创造粮食和设备者的知能都已创造，所有的性质都已决定。于是那行为人所喜之事的人得到正义，行恶事者则受到惩罚。于是生命被赐给和平者，死亡被赐给犯罪者。于是所有的工作，所有的手艺，手的动作，腿的运动，所有肢体的动作，都是经由心所构想，舌所说出的命令而产生的。

因此普塔被称为“万物和神明的创造者”。他生了所有的神，创造了食物、粮饷、祭品等所有的好东西。所以人们知道并且承认他是最伟大的神明，于是普塔在创造了万物和所有神圣的语言之后感到满意。

他创生了众神，

他创造了城镇，

他建立了诺姆，

他把众神放在其神殿中，

他安排好他们的祭品，

他建立了他们的神殿，

他照自己的意思造他们的身体，

于是众神进入了他们的身体，

是各种木、石、土所造的，

各种在他之上生长的东西，

他们由之而生。

于是所有的神和他们的卡聚集在他面前，全都满足地与两地之主结合。

在普塔之殿中给予众神欢欣的是塔特恩的谷仓，所有生命之主，提供两地的粮食，因为奥西里斯在他的水中被溺死。伊西丝和奈芙蒂斯四处找寻他，见到了他，并且看顾他。荷鲁斯赶快令伊西丝和奈芙蒂斯抓住奥西里斯，不让他沉下去。她们将他带上岸。他进入了在永恒之主们的光辉中的隐秘之门，在那早晨升起者的台阶上，在坐在宝座上的拉的路上。他进入宫殿，加入了年岁之主塔特恩普塔的众神之间。

于是奥西里斯来到土地上，到皇家城堡之前，在他所来的地方的北方。他的儿子荷鲁斯成为上下埃及之王，在父亲奥西里斯以及众神的前拥后抱之中。”

孟菲斯神学的内容糅合了赫利奥坡利斯和赫尔摩坡利斯神学的内容，它宣称创世神普塔自天地间的混沌中而生，他与代表原初之水的努恩和努涅特结合，其中与努恩结合后成为父亲，与努涅特结合后成为母亲，从而生下了太阳神阿图姆。

接下来普塔以心中的思维和口中的语言，利用阿图姆的手指和精液创造了舒、奥西里斯、塞特、图特、荷鲁斯和玛阿特女神。普塔还用呼气和咳嗽的方法，从口中吐出了天空女神努特和大地之神盖布。

普塔给予这几位神灵以视力、听力、呼吸和情感，然后又再次使用思想和语言的力量，宣读出所有东西的名字，创造出世间万物。

关于创世，还有另外两种说法：一个说创造了赫尔摩坡利斯八神团，八神团又创造了太阳神；一个说普塔雌雄同体，不用麻烦努恩和努涅特直接生出了阿图姆。

总而言之，言而总之，普塔是一切的源头，他创造了一切，包括赫利奥坡利斯和赫尔摩坡利斯神学的一切成果都被这位孟菲斯的主神接收了。

虽然这一野心因为孟菲斯地方势力不足以影响全国而未能实现，但也充分说明了古埃及人的主神观念是不断发展的，正所谓城头变幻大王旗，绝非一神教那般坚若磐石毫不动摇。

普塔本是孟菲斯地方神，本职工作是工匠、手艺人和坟墓的守护神。在古王国时期，普塔作为地方主神与当时的国家主神阿图姆－拉相安无事。但随着孟菲斯与国王的关系疏远，当地的祭司集团便产生出分离主义倾向，宣称阿图姆、图特和荷鲁斯都不过是普塔的创造物和表现形式而已，孟菲斯神学也因此而出现。

普塔是孟菲斯的造物主神，他是工艺与建筑之神，也是工匠与艺术家的保护神。他的常见形象是绿色的皮肤、身上穿着裹尸布、头顶是象征神职人员的光头、手上拿着结合三种力量符号象征的令牌：象征授予王权的权杖、象征生命的安克架和丧葬礼器杰德柱（象征奥西里斯的脊椎骨）。普塔神有时会化身为孟菲斯的阿庇斯圣牛——正是那头害得冈比西斯二世背负“屠牛者”冤名的公牛。不过他更时常以塔普塔－索克尔－奥西里斯与光之神索克尔和冥王奥西里斯融合，一同保护死者的灵魂通过地下的冥界抵达来生。

赛克迈特是普塔的妻子，她是上埃及的战争、烈日与治疗女神，也是法老的守护神，还是太阳神拉的女儿。她的常见形象为狮子脸、身穿红衣、戴着太阳轮盘与圣蛇的女子，她的呼吸制造出沙漠。传说拉因为人们的渎神不敬行为而震怒，所以挖出自己的眼睛化为赛克迈特去制裁人类，但因为赛克迈特过分残暴的杀

由人到神的伊蒙霍特普

戮，拉只好取走她的“狂野憎恨”换成“关爱善良”，于是赛克迈特变成了下埃及的猫神贝斯特。但当外敌入侵埃及时，贝斯特又会转化成赛克迈特保卫埃及。

奈夫图是普塔和赛克迈特的儿子，他是香水之神，最常见的形象是一个头戴盛开的莲花的年轻男人。

伊蒙霍特普是一位特殊的神灵，他就是那位为左塞王设计阶梯金字塔的维西尔，被奉为埃及建筑之神与医药之神，也被视为普塔留在人间的儿子。他的经典造型是一个坐在椅子上手握纸草卷轴的光头男人——这正是埃及祭司和书吏的代表性形象。

尽管赫利奥坡利斯、赫尔摩坡利斯和孟菲斯三大神学体系的内容不尽相同，但它们都表现出埃及人心目中对于太阳和尼罗河的崇拜信仰，这两个元素是埃及神话的创意源头，也成为埃及神话中的永恒主题。

在埃及人信奉的诸神中，最具影响力的是太阳神和冥王。虽然奥西里斯没有获得创世神的主神地位，但是他那死而复生的著名神话更让埃及人为之着迷。

当然，在埃及的不同地区，还有其他千奇百怪的神灵。关于他们的故事和传说，随着埃及文明的断绝，留给后世无穷无尽的遐想和猜测。

与神灵对照的超自然力量自然是魔鬼，不过在埃及神话中的恶魔与其他神话体系有较大的差异——他们其实更像是那些地位尊崇的神灵所派出的使节。

埃及神话中往往描述恶魔们由其神圣的主人派出来执行特定的任

务，一般都是惩罚违反习俗和礼法的不端行径。甚至连埃及的神灵都畏惧这些恶魔，甚至难以对抗它们。

例如在描述塞特与荷鲁斯争斗的故事中，荷鲁斯的父亲冥王奥西里斯就曾给负责裁决冲突的诸神写信抱怨："为何要伤害我的儿子荷鲁斯呢？当我统治埃及的时候，难道未曾养育你们吗？不是我创造了大麦和小麦吗？不是我让你们家中常年存有祭品吗？不是我教会你们蓄养牲畜吗？不是我教会你们耕种和织布吗？不是我告诉你们在哪里能找到沁人心脾的乳香吗？为什么你们不在凡间主持公正呢？

我现在居住的国度充满了无所畏惧的凶神恶煞，只要我放出它们，它们就会将所有作恶之人的心带回来接受审判！不要忘了，你们所有的神灵与人类一样都将来到冥界，接受玛阿特的审判！不要忘记没有公正就没有秩序！把王冠还给我的儿子荷鲁斯，这样才能让真理和公正的玛阿特女神感到满意！"

埃及神话中认为恶魔们平时待在冥界与尘世的中间地带，藏身于水池、墓穴和洞穴中。常见的恶魔通常被描绘为持匕首的蛇、鳄鱼或人身公牛，也有如夏凯克这样"颜值出众"的另类："其眼睛在头里边，舌头在肛门里，他吃自己屁股里的粮食，他的右爪朝外伸出，左爪绕过他的额头，他以粪便为食，墓地中的众神都害怕他。"

当神灵对凡人不满意时，会吩咐"游荡恶魔"舍玛尤和"路过恶魔"舍瓦前往埃及的土地散播瘟疫。当他们决定挑起纷争时，便派遣"不和的爱好者"和"复仇者荷鲁斯"去掀起爱恨情仇的风浪。

每逢炎热的夏季来临，尼罗河的水位降到最低，被称为"年瘟"

的瘟疫便会蔓延到埃及的每一个角落。古埃及人相信病人都被烈日女神赛克迈特的七支箭射中，这七支箭都是女神所派出的恶魔化身，它们从拉的眼中生出，能窥探千里之外。这些恶魔在狮身人面的斯芬克斯率领下扫荡人间，它们现身于埃及各地，从嘴里射出瘟疫之箭展开杀戮。

面对瘟疫的威胁，古埃及人会拿着专门施展咒语的丹斯棒绕着自己的房子转圈，嘴里不断念叨如下咒语："离开，你们这些凶手！热风吹不到我身上，过路的恶魔无法朝我肆虐。我是荷鲁斯，我与赛克迈特手下游荡的恶魔一起走过。荷鲁斯，赛克迈特的后裔！我是唯一的太阳神之子，我不会因你而死！"

埃及神话中的神灵拥有多重面孔，所以释放恶魔的女神也可以转为对抗瘟疫，古埃及人正是通过这类咒语和巫术仪式促使烈日女神转化为治疗女神——正所谓解铃还须系铃人。

与古中国人怕鬼一样，古埃及人也很畏惧死者的鬼魂——准确来说是精灵。埃及神话认为人去世以后，灵魂会分为三种不同的精灵形态：卡、巴和阿卡。这里面的阿克非常类似中国人对鬼魂的理解，它们往往会纠缠在尘世中，成为折磨活人的麻烦制造者。

在《阿尼教谕》一文中写道：安抚鬼魂，做他喜欢之事，不做他厌恶之事，愿你不受他的恶行的伤害，他是所有危害的来源。一只家畜被带离田野了吗？就是他做了这样的事情。地里的打谷场受损了吗？人们还会说："是那鬼魂。"家里发生骚乱了吗？人们的心彼此疏远了吗？所有这一切都拜他所赐。

阿卡这个词的意思是"变形的灵魂"或"受祝福的死者"，它在

从哈索尔神庙入口眺望内部

索尼克神庙石柱

生前已经通过了奥西里斯的审判，所以可以不受限制地进入世界的每一个角落。因此往往会被巫术召唤入侵活人的房屋，制造噩梦和厄运。

那些未能到达奥西里斯审判大厅的亡魂都变成了“被诅咒的死者”姆特，这些最低等的死者精灵天生邪恶，特别喜欢诱拐儿童。

因为精灵曾是人类，所以他们也有着与人类沟通甚至是友善相处的可能性。 当古埃及人渴望得到去世亲人阿克的帮助或者去除他们带来麻烦的时候可以写一封“致死者的信”。这封信通常写在放置祭品的容器上，当阿卡享用祭品时自然也接收到了献祭者的心意。

在目前发现的“致死者的信”中有些委婉地指出死者生前曾受过献祭者的恩惠，或者对献祭者拥有照顾义务，所以应当对献祭者的请求做出回应。有些则是献祭者严厉的警告，如果被怀疑作祟捣乱的阿卡还不收手离开的话，献祭者将会直接向冥王奥西里斯告状。还有些时候，献祭者盼望能够通过新近去世者的阿卡联系到久远之前死者的阿卡，以获取有用的信息。

除了献祭之外，古埃及人也会通过巫术来保护自己免受恶魔和阿卡的骚扰。

除了佩戴护身符外，他们相信大蒜、金子、唾液、啤酒以及乌龟胆囊都是驱逐邪灵的有效工具。在古代埃及有个啤酒驱魔的家常配方:将写有咒语的沙草纸条浸泡在啤酒中溶解，然后一口气喝下去让咒语进入体内快速起效。如果恶魔威胁太大的话，还可以在自己的房屋或恶灵藏身的坟墓周围洒上掺了蒜蓉的啤酒，这种魔酒对抵御夜间的鬼魂、毒蛇和蝎子都非常有效。

当然，最有效的办法还是直接交心。

在《帕坦塞的故事》中，阿蒙祭司帕坦塞在赫利奥坡利斯遇到了一个神秘又智慧的阿卡。尽管人鬼之间相谈甚欢，但帕坦塞始终无法从阿卡那里得到自己阳寿几何的答案。每当帕坦塞询问自己还能活多久，阿卡都只回答你将在尘世活完你的寿命。不死心的帕坦塞转而通过阿卡直接与奥西里斯沟通，这位倔强的祭司表示不得到答案就不从冥王眼前离开。眼看着奥西里斯被激怒即将释放出恶魔惩罚帕坦塞，阿卡终于心软告诉他只剩 40 天的寿命——因为帕坦塞曾偷窃了伊西丝神庙中属于女神的祭品……接受了自己命运的帕坦塞赶回家中安排好自己的葬礼，并准备好给后代的礼物后坦然死去。

在《图特之书》这个故事里，埃及国王乌塞赫玛阿特之子萨特尼是一位伟大的祭司、魔法师和智者。有一天，这位王子在普塔神庙中漫步时，有个男人忽然对他说："你为什么要读这些毫无魔力的文字呢？如果你想阅读真正伟大的文字，就跟我来。我会告诉你智慧之神图特亲手写下的书在哪里——这份纸草卷轴中记载了两个咒语，第一个能让你听懂动物的语言，迷住全世界；第二个可以让你即便在死去被埋进坟墓后也能重生返回人间！"

萨特尼被这神秘的许诺震撼了，他不由自主地说："以我的生命发誓，请告诉我你要什么？只要你带我找到《图特之书》，你会得到你想要的一切！"

神秘的男子没有理会萨特尼许诺的报酬，他自顾自地说道："这本书，就在迈赫尼普塔王之子奈非普塔的坟墓中。"

于是萨特尼不顾一切地在孟菲斯的墓地找到并挖开了奈非普塔的坟墓，当萨特尼沿着石阶步入地下墓室时，他发现整座墓室被《图特之书》发出的神奇光芒照亮，他赫然发现墓主奈非普塔和艾乌蕾夫妇以及他们的儿子麦里卜的鬼魂都端坐在椅子上！

艾乌蕾见到萨特尼后站起来质问这个闯入者："你是谁，你为什么闯进我们家的坟墓？"

萨特尼粗暴地回答："我是萨特尼王子，我来你们这里是为了那本《图特之书》——把它给我，否则我就不客气了！"

艾乌蕾急忙说道："请别动粗，先听我把话说完，你应该先了解我们一家为这本书所付出的代价！"

原来奈非普塔当初也被神秘人诱惑盗取了智慧之神的《图特之书》，愤怒的图特派出恶魔，把奈非普塔一家三口都淹死在尼罗河中。之后，奈非普塔被带到孟菲斯安葬，但是他的妻儿却葬在科普托斯的一座坟墓中，他们一家人的遗体永远分离不能在一起。

尽管前车之鉴就在眼前，但鬼迷心窍的萨特尼依旧带走了《图特之书》。

夜幕降临，疲倦至极的萨特尼来不及打开书便沉沉睡去。

在梦境中，他来到普塔神庙前的空地上，一个绝世美人向他走来。他立刻疯狂地爱上这个女人，尾随她来到她的家，向她示爱，向她求欢。

这美女要求萨特尼抛妻弃子才能拥有她，萨特尼毫不犹豫地答应了。美女又要求萨特尼当着她的面杀了自己的孩子们喂狗，萨特尼立刻叫来自己的孩子们，亲手杀了他们并抛给狗吃。

于是美女终于满意了，她献身于萨特尼。可就在萨特尼即将得到她的时候，这女人却发出一声凄厉的尖叫，将萨特尼从可怕混乱的梦境中惊醒。

萨特尼失魂落魄地醒来，又惊魂未定地去向自己的父王求教。

乌塞赫玛阿特王听完儿子的荒唐一梦之后，睿智地判断说：“那诱惑你的女人就是艾乌蕾的鬼魂！她是想让你知道你不该把书拿走，那不是智慧之书而是欲望的陷阱！你的心失去了理智，当你拿走书就已经犯下了大错，而你在梦中杀死自己的孩子更是错上加错！现在趁一切还来得及，把书还给奈非普塔吧！”

萨特尼再次来到奈非普塔的墓地，归还了《图特之书》并忏悔道：“我错了，我不该拿走这本让你付出巨大代价的书。奈非普塔王子啊，我能为你做些什么作为补偿呢？”

奈非普塔回答说：“萨特尼王子，你已经知道我的妻子和孩子都埋葬在科普托斯，所以你在这里见到的都是他们鬼魂的幻影。你去科普托斯把他们迁葬到我身边吧，这里才是他们应该长眠的永恒居所。”

于是萨特尼返回王宫向父王禀告奈非普塔的要求，国王派给他一艘华丽的大船和水手前往柯布拖斯。经过三天的寻找，萨特尼找到了奈非普塔妻子和儿子的埋葬之地，他举行了一系列祭祀仪式后，将艾乌蕾和麦里卜带回到孟菲斯，埋葬在奈非普塔身边。

这个故事也许是埃及神话中最为特殊的一个，除了善恶报应之外，更让人感受到一股人“鬼”之间的惺惺相惜与人情味道……

虽然早期的罗马皇帝没兴趣干涉埃及人的神话信仰，但消灭古埃及神话的力量却借由罗马而来——基督教兴起了。

据尤西比乌斯的《教会史》一书记载：圣·马可于公元41—44年开始在埃及传播其福音书，并且在亚历山大建立了第一座教堂。他的第一个门徒是鞋匠阿涅努斯，后者于公元61—62年成为亚历山大第一任主教，这比第一位罗马主教的出现还要早六七年。

基督教的形成过程融入了许多东方神学的内容，其中古埃及的传统神话对基督教影响极大。基督教教义中的创世学说、死后复活、末日审判、天堂地狱和灵魂得救等宗教观念都受到埃及神话的启示。埃及神话中对可怕冥界的想象催生出基督教多层地狱传说的雏形，而埃及古典文学作品中很多关于救世主降临的预言故事，如第十八王朝时期的《涅菲尔提预言》暗指那位三易其名的孟图霍特普二世统一上下埃及的故事。在这个著名故事中预言一王“将戴白冠、红冠，他平定叛乱，人民为之欢呼，亚细亚人和利比亚人不得不跪伏在他面前”，“正义又将重新来临，而邪恶将遭到唾弃。所有的人见到这一切都会感到欣喜欢乐，也都将追随这位国王”。诸如此类的古埃及文学故事影响了从犹太教的弥赛亚到基督教的基督降临传说。

基督教进入埃及的早期阶段是以亚历山大里亚城为核心立足的，占城市五分之二区域的犹太人聚居区中的一些传教士、逃亡者和商人积极传播基督教义，此城中保留的希腊文明与基督教文化发生碰撞交融，结果在公元 2 世纪末产生了世界上最早的亚历山大教理学校。这所学校植根于埃及传统文化环境中，大量汲取了希腊罗马的教育精髓，为宣传和维护基督教而创立，但对所有信仰者都敞开大门，甚至盲人也能在此接受教育。在这所学校中的基督教学者得到锤炼其思想精髓的机会，基督教的早期神学思想也随之成形。

亚历山大教理学校著名的校长克莱门特主教受过良好的希腊式教育，又熟悉埃及传统文化。克莱门特改变了早期基督教是个“没有文化的、不聪明的团体”的泥腿子形象，使之登堂入室走进亚历山大里亚贵族阶级的生活。

克莱门特的继任者奥立金神父的名字意为“荷鲁斯所生”，这位拥有埃及本土血统的神父把《圣经》和希腊哲学结合成基督教神学体系，“三位一体”原则正是由他所系统阐述。

基督教在埃及萌芽的同时，罗马委派的“亚历山大及全国的最高祭司”却不是一个神职人员而是个罗马行政官僚，他的职责是控制埃及宗教界不至于产生反抗帝国的民族主义思想。与此同时埃及各诺姆以下的官员不再要求具备罗马公民身份，他们大多由希腊人担任。至于本土埃及人，不管他们是否通晓希腊语都没有资格担任官员。

在这样毫无希望的治理之下，埃及人掀起了一些起义和暴动进行反抗——这些反抗毫无悬念地被罗马军团所碾压。既然武力反抗失败，那么埃及人只好投入精神世界寻求安慰。

尽管当时埃及传统神话中的神灵依旧受到崇拜，但在经历了如此漫长痛苦煎熬和多次外族入侵的打击下，埃及人对他们虔诚信仰了数千年的神灵动摇了。埃及的长期衰落促使民间产生需要救世主的精神需求，基督教的普世观念正好符合埃及人对宗教的迫切需要，因而得以在埃及迅速传播开来。

罗马皇帝戴克里打算摧毁埃及的基督教信仰，但埃及人依旧表现出“顽固迷信”的特质，哪怕是在马克西米努斯统治时的大规模屠杀发生时，他们依旧不放弃基督教信仰。在底比斯平均每天有五十到一百名“顽固”的农民基督徒被杀，在无助与失望的情绪中埃及的基督教徒又开创了世界上最早的修道运动，以在沙漠边缘的隐世修行来反抗帝国的统治。

早期的修道运动是本土埃及人的运动，一种是以安东尼为代表的个人苦修制，另一种是帕克米乌斯倡导的集体修道院制度，此后这种修道制度传遍基督教世界。

随着公元 313 年“君士坦丁敕令”的颁布，基督教在东罗马帝国境内获得了合法地位，罗马的国策使得基督教会成为国家机器的一部分。在基督教咸鱼翻身的同时，罗马帝国对基督教以外的异教采取了残酷打击的手段，狄奥多西一世关闭了所有异教的神庙，并停止了古代奥运会。与此同时基督教经过长期蛰伏而产生的极端倾向也开始爆发，他们将自己遭受过的压迫转嫁到其他古老信仰头上。

在公元 4 世纪之前，埃及民间仍然保持着对古老多神宗教的信仰，克莱门特就曾记载当时埃及民间依旧坚持动物崇拜，他感叹埃及人仍然信仰各地的地方神灵，以及那些公牛、驴、狼、鱼和蚂蚁。在这一时代埃及人仍然采取木乃伊的埋葬仪式，在墓葬中描绘阿努比斯神的形象。

而在埃及的希腊城市中，希腊后裔依旧保持着希腊文化和对希腊神灵的崇拜。但随着拜占庭帝国文化专制主义政策出台，所有异教信仰和文化都随之烟消云散，狂热的基督徒修士们疯狂迫害异教徒。

早期基督教史学家所奎德在他的《教会史》中，对公元 415 年时期著名的希腊女哲学家和异教徒希帕提娅之死做了如下描绘：

“亚历山大城中有个名为希帕提娅的女人，是哲学家席昂的女儿，她不但在文学与科学领域造诣甚深，也远远超越与她同时代的哲学家们。她继承了柏拉图与普罗提纳斯的学派，向听讲者阐述他们的哲学理念，许多人不远千里而来，只求能获得她的点拨，基于良好的教养，她有一种沉着从容、平易近人的气质，她经常出现在公共场合、出现在当地的行政长官面前，从不因参与男人的集会而羞窘难为情。而对于男人而言，由于她超凡的尊严与美德，他们只有更敬爱她。

“她是受到政治忌妒的受害者，在那段日子里这种现象很常见。由于她经常与欧瑞斯提斯晤面，在基督徒中便有谤言流传，说就是她在阻挡欧瑞斯提斯与总主教和好。也因此，有些基督徒就受到怒火与执迷的热血驱使，由一个名叫彼得的礼拜朗诵士为首，埋伏在希帕提娅返家的路上，将她拖出马车，带到一所叫作西赛隆的教堂中脱个精光，以砖瓦杀死了她并将她分尸。她伤痕累累的四肢则被带到一个叫作辛那隆的地方焚烧。这事件的臭名满天下，不只是针对西里尔而已，而直指整个亚历山大城的基督教会，当然，容许这类屠杀、争斗或利益交换，是距离基督教精神最远的一件事情。这件事发生在四旬斋斋期的 3 月里，是西里尔担任主教教职的第四年、霍诺留第十次、狄奥多西二世第六次担任罗马执政官。”

在文明化程度较高的城市中尚且如此，广大埃及民间的情况更无需多言。各地的地方官僚率领士兵驱逐了埃及神庙中的祭司，用基督圣像和十字架覆盖了那些古老的象形文字和异教图画。

历史的车轮滚滚而来，在基督教广泛传播的同时，古代埃及神灵被基督信仰取代了，古老埃及宗教的痕迹也被迅速清除。古典的埃及语演化为科普特语，科普特文使用一种基本上完全从希腊字母派生出来的书写系统，象形文字被希腊文字取代，埃及人不再使用自己古老的文字和语言，遗弃了传统和文化。

俱往矣，今天我们竭力用历史的碎片拼凑昔日的古埃及神话，才

《亡灵书》中描绘的玛阿特审判

无论是权贵还是平民，都害怕自己活着时的罪责会导致心脏被怪兽阿穆特一口吃掉

发现虽然古埃及人渴望永恒，但他们也意识到万物皆有始终，即使是造物主也一样会有自己的终结时刻。《亡灵书》咒语中这样记载造物主的话语：“我要摧毁我所创造的一切，这个世界将会重返原初之水，就如最初的状态。”

但毁灭与重生又有着冥冥中注定的周期规律，就像伟大的太阳神会在日落时逐渐衰弱死亡，经过冥界历险之后，在黎明时重获新生出现在东方的天空。拉神如此，其他诸神自然也一样各有始终。神灵的能力不仅受到地点或职司的限制，还受到时间和寿命的限制。

古埃及神话中的世界末日会发生在数百万年之后的时间尽头，疲倦的造物主阿图姆将毁灭世界，让孕育了一切的原初之水努恩把由它而生的宇宙重新吞没。在那个万物寂灭的时刻，埃及、世界、神灵以及宇宙四方都化为虚无，只有阿图姆和奥西里斯化身为巨蛇躲藏在原初之水中。

阿图姆巨蛇体内蕴含着能创造所有物质的力量，奥西里斯巨蛇体内流动着神秘的复活重生之力。这两条巨蛇是宇宙寂灭后仅存的生命，是世界毁灭后复兴的种子。

这就是埃及神话的终结，在虚无的尽头埋藏着重新开始新一轮循环的悬念。让人期待着漫长虚无过后，原初之水中会再度出现原初小丘，造物主必然重新开创一个崭新的世界。在那个不知多遥远的未来中，一切都将再度上演……

# 第二章 古埃及人的生活

很多人被埃及大地上那些雄壮的金字塔、恢宏的神庙以及工艺复杂的木乃伊所震撼，以至于本末倒置地认为古代埃及人一定对死亡和宗教拥有病态的狂热和痴迷。

这是一种多么悲哀的误解！

的确，埃及人认为人类生活在神灵创造的世界中，遵循神灵确定的秩序和真理玛阿特原则。从国王到贩夫走卒，所有的埃及人都沉浸于对神灵的膜拜之中，他们给希腊人留下的印象就是“迷信又顽固”。

国王将自己神化为“荷鲁斯的化身”和“拉神之子”，祭司为了维护自身利益竭力巩固对众神膜拜的信仰体系。于是埃及人自然沉浸在对神灵的崇拜之中，他们相信国王是人间的神，祭司的巫术有神奇的力量。

埃及人在哲学思维和科学技术方面取得的一切成就都来自宗教实践，所有这些智慧成果自然也被视为是来自神灵的启示、智慧和真理，于是古埃及文明所取得的每一次进步反而更巩固了对埃及神话和宗教的信仰。

但这并不能说明古埃及人痴迷于死后的世界，相反他们无比热爱生命，畏惧死亡，因此才会不顾一切地寻求永恒作为精神安慰罢了！

埃及人将现实生活中得不到的东西，自然地寄托于对神灵的想象和依赖之上。他们相信一年中的每一天都由确定的神灵来掌控，你一旦遇到恶神当值自然霉运当头，如果遇到善神管事肯定好运亨通。希罗多德如此写道："由于每月每日都有神道主宰，因此人生下来，是富、是穷、是夭、是寿，就已经确定了。"

正所谓图特月二十三日出生的孩子都是短命鬼，考阿卡月二十日所生的孩子眼睛会瞎——那么这些孩子的父母该怎么接受，总不能哭号着在地上打滚吧？更别说在阿图姆创造九柱神之日出生的倒霉孩子，会在性交时死去这种可怕预言了……

勤劳智慧的埃及祭司早已开发出各种咒符，并计算出神灵庇护的办法。这些咒符和寻求神灵庇护的方法从出生之前就开始保护埃及人，并且在他们死后也持续发挥着作用。

数千年的时间里，古埃及人精神生活的主旋律就是虔诚地祈求神灵眷顾。悠悠尼罗河水涨起又落下，一代代的埃及人在诸神的注视下出生成长乃至走向死亡。纵使过去的日子历经几千年沧海桑田，在残垣断壁之间、在纸笔涂抹之处，在金冠宝座之中，依然洋溢着那个逝去的民族对生活浓浓的挚爱……

## 尼罗河的孩子

黎明已至，暮色仓皇远遁。

晨曦的朦胧光芒照亮了庭院中临时搭建的亭子间，一位咏经祭司手捧莎草纸卷站在晨曦中朗声咏念咒语，他呼唤伊西丝和奈芙蒂斯注意一个新生命将在这里诞生，祈求哈托尔女神降临此地，并以贝斯神的名义警告那些特别危险的“女鬼”迅速滚蛋。

接着，祭司祈求荷鲁斯和赛克迈特女神的恩赐，让传播疾病之箭的恶魔转移他们的视线。接着他又赞美哈托尔女神的仁慈，定能保佑产妇的乳汁丰美。

这些咒语在每日晨昏时分咏念，每当这些咒语响起，四邻便知道孕妇即将生产了。亭子间里是即将临盆的产妇和陪伴她的接生婆，她怀着忐忑的心情看着家人们将盛放着大蒜和蜂蜜的容器摆放在房间四周——这些食物在亡魂品尝时只会令其感受到苦涩难耐，不会存心在此逗留。

产妇的心脏在剧烈跳动，她凝视着身边那些水杯来转移注意力。这些杯子上刻着紧握武器和毒蛇的神像，接生婆早已保证这些面目狰狞的神像足以抵挡邪恶侵犯她和孩子。

忽然，宫缩的阵痛开始了……

一个古埃及人的生命，往往诞生于建在自家花园或者院子角落里的“分娩亭”。

尼罗河的孩子们在诸神保护下长大

古埃及语中“分娩”的象形文字使用蹲着分娩的妇女形象来表示，无论是埃及艳后还是贫穷的农妇，埃及的产妇都在接生婆的搀扶下以蹲姿完成生儿育女的伟大成就。其区别无非是克娄巴特拉七世蹲在中间有洞的王室分娩椅上，而不知名的穷困农妇蹲在两块泥砖上……

由于顺产方式必定带来的血液、羊水乃至粪便等污秽伴生物，所以古埃及人认为妇女生产之后是不洁净的，母亲和孩子需要待在专门搭建的“产篷”中用半个月的时间恢复净化，只有产妇身体状况基本恢复正常之后才被允许回家。

在生育前后的时间里，每一个古埃及的待产妈妈都会使用魔法武器来保护自己和未出生的宝宝。她们模仿神话里的传说，编织神秘的伊西丝结。它是太阳神阿图姆为了保护伊西丝腹中未出生的荷鲁斯而系在女神子宫深处的神圣棉条，它可以防止恶神塞特的破坏企图。但除了产妇以外，家中的任何人都不能做系紧、打结之类的动作，因为这些冒失的举动可能会造成难产等不可预料的结果。

除了伊西丝和奈芙蒂斯姐妹之外，侏儒神贝斯身材矮小面目狰狞，也被视为可以保护母亲和婴儿，因此他的雕像也被供奉起来以镇宅避邪。古埃及的工匠们总喜欢让贝斯神双手置于髋部站立着直面观众，这位丑陋的矮小神灵带有狮子的特征，他长着鬃毛和尾巴，头上戴着一顶高高的羽毛王冠。贝斯的神圣职司就是用自己的凶恶面孔吓跑恶魔，他专门保护孩童、孕妇和产妇，也能抵御毒蛇毒虫入侵。为了祈求贝斯的保护，古埃及人喜欢把他的肖像刻画在卧室家具上。

其他保护妇孺的还有内斯女神、智慧之神图特和哈托尔女神等等。当一位母亲受孕时，图特便决定了这个小生命未来的寿命长短，哈托

在炎热的天气里，孩子们一般都赤身裸体

孩子们在右边额头上留着荷鲁斯的发辫，在父母的照料下成长

尔则勾勒出这孩子一生的命运轨迹。在新王国时代的《遭受厄运的王子的故事》中，这些女神宣布王子会被鳄鱼、蛇或狗咬死。而在《两兄弟的故事》（也是出自新王国时代）中，他们警告说，巴塔的妻子会被“一把（刽子手的）刀刃”杀死。在 1 世纪的《命运既定的神童的故事》中，一个父亲被告知，他的儿子会“在与女人睡觉的年纪”死掉。然而，诸神有力量改变一个人的命运：阿蒙能“延长寿命，也能缩短寿命，为了他所喜爱的人，他可以延长人的既定寿命”。也有人认为，曼斯海奈特决定人的地位，拉涅努坦特决定人的物质财富。

埃及人相信每一位妇女分娩时哈托尔女神都会在场，面对剧痛中的产妇，接生婆会连续说三遍咒语“现在生孩子的是哈托尔”——人们通过将产妇等同于拥有同样遭遇的女神，使得受苦难的母亲被魔法保护。不过这样的疼痛转移大法要想起作用的话，估计要产妇的心虔诚无比才能有效……

当然，光喊口号是不够的。

毕竟每一个埃及女人都害怕自己因遭遇难产而死，上下埃及有那么多家庭，哈托尔女神恐怕忙不过来。所以为了保护这些弱小的妇孺，埃及人还制造出一些特殊的魔法武器，例如大英博物馆中馆藏的底比斯河马牙魔杖，这件被称为“塞涅波魔杖”的古老魔法物品被制造于公元前 18 世纪之前。

埃及人认为河马这种危险动物的长牙中蕴含着力量，所以用它制作的魔杖能够保护孕妇、产妇和婴儿免受恶魔鬼怪和邪恶巫师等混沌势力的危害。

塞涅波魔杖的正面刻着太阳圆盘、拉神之眼、圣甲虫、天界狮子和把守冥界出入口的双重斯芬克斯，它们代表了太阳神穿越冥界重生的过程。还有几个头颅、几个被捆绑的俘虏和毒蛇代表黑暗邪恶的混沌力量，正被贝斯等神灵按在地上摩擦……

塞涅波魔杖的背面中心位置有一个手持安克符号的女神，河马和青蛙等神圣动物在她周围对抗混沌力量，将神界的超自然力量引入人间，为了母亲和孩子而战。

神话上的助产手段如上所述，那么古埃及妇产科医学上的准备又是怎么做的呢?

埃及人认为孩子所有的硬组织都来自父亲，所有的软组织都来自母亲。他们将子宫称之为“人之母”，这听起来似乎很感性；但他们又认为人之母在腹腔内可以任意游动，如果游动到错误地方就会引起病痛，这一点就非常不“理性”了……

埃及人意识到精液与睾丸有关，但埃伯斯医学纸草文献中记录：古代埃及人相信孩子所有的硬组织都来自父亲，所有的软组织都来自母亲；并相信精液从骨头中诞生，并通过管道从骨头引向睾丸。

最糟糕的是因为接生被视为一种不洁净的下贱行当，所以被迫从事这个行当的接生婆缺乏学习和掌握助产知识技术的途径和动力，这就导致了非常高的婴儿夭折率。

寻常人家夭折的新生儿常常被埋在自己家附近或者自家院子角落里，这些可怜的孩子被大人用亚麻布或棕榈树叶子做成的席子一裹就草草埋葬。富裕的人家就讲究多了，他们会将夭折的孩子制成木乃伊埋葬。

古埃及的母亲们平均会生八个孩子，但其中半数会夭折。一个普

一对埃及夫妻和留着“荷鲁斯的发辫”的儿子

大小悬殊的比例表现出埃及家庭观念中长幼尊卑的秩序

埃及三口之家

通家庭一般会有四个孩子，运气好的会有六个甚至更多。

在古埃及社会，一样有生个大胖小子传宗接代的现实压力，我们从埃及历史上可以看出国王没有儿子会带来多大的麻烦。对老百姓而言，一个丈夫可能会抛弃生不出儿子的妻子，就像国王会因此更换他的王后一样。

中国传统观念中，儿子除了赡养老人之外，还有传递香火的重要作用。而在古埃及不仅同样有这类观念，还在宗教神话上对儿子有个极为现实的需求：在父母身后提供符合宗教要求的殡葬仪式，以及为父母死后的精灵卡提供食物祭品，从而使得父母在来世能够存活，使他们的名字长存不灭。关于这一点我们会在本章的最后一节内容中做详细阐述。

古埃及对每个家庭的长子有个称呼“母亲的供养人”，不过在埃及的法律中并没有明确规定儿子的赡养义务，但是在玛阿特的社会道德要求和司法审判实践中，当老人没有儿子或者儿子不能赡养老人时，女儿必须承担赡养老人的义务。

那么没有孩子的夫妇该怎么办呢？在一篇纸草文献中，曾出现过奈布奈弗尔和瑞奈弗尔夫妻俩购买奴隶的合约。这是一个已经孕育了三个孩子的女奴，显然主人买她是为了得到孩子——主人与奴隶所生的后代属于主人家庭成员，而不会变成奴隶。

能买得起奴隶的毕竟是少数，在纸草文献中还有很多关于收养协议的记录。不过以人之常情而论，就算能够买得起奴隶或者是可以收养孩子，一个妻子还是更盼望能由自己为丈夫生出儿子。

在一位名叫塔伊荷太普特的贵族女性坟墓中，墓室铭文上刻着墓主心目中最辉煌的时刻："我在 14 岁的时候，就嫁给了最高祭司帕夏尔普塔。我给丈夫生了几个女儿，但一直没能生出儿子，这使得他非常悲伤。于是我和丈夫一起向伊蒙霍特普神祈祷，他是倾听人们的呼声并创造奇迹的神，他实现了我们的愿望——在我生下儿子的那一天，所有的亲朋好友都来祝贺！"

孩子呱呱落地以后，总要有个自己的名字。在古埃及人眼中，起名字可是一件重要而又秘密的大事……

在埃及神话当中，经常出现一个神灵拥有不同名字的现象。例如那位没能成功守护住下埃及的眼镜蛇女神埃德佐，她还有个名字叫瓦杰特。

由于埃及象形文字中没有元音字母，所以我们无法知道那些莎草纸和方尖碑上的字符该如何准确地发音，而且埃及人的名字构成非常独特复杂，这就造成了很多种并存的翻译解读。

更复杂的是在埃及人中有每个人取两个名字的民俗，其中一个让别人用来称呼自己，另一个只有自己知道的才是真实名字，以此来保

美丽的哈托尔女神保护所有的孕妇和孩子们

智慧之神图特

护自己的名字不受伤害。

埃及人还存在“避讳”神灵的做法，例如第十九王朝塞提一世的名字中含有塞特的名字，当他为奥西里斯大神建立歌功颂德的方尖碑时，就只好用“伊西丝结”（可能发音与塞特相同）这个化名来避免触犯神灵——毕竟杀死奥西里斯的凶手就是塞特嘛。

新王国时期曾有一个因为试图谋杀国王而被处决的权贵，这位千古逆贼的名字本意是“拉神是他的造物主”，在被审判和判决的档案中，书吏大笔一挥给改成了“拉神是他的仇敌”。不过这样做与其说是避讳拉神，不如说是为了诅咒叛国者，毕竟埃及历史上还没有出现过因为名字拉着神灵做靠山就可以不被砍头的牛人……

此外，也有一些历史造成的一人多名问题，例如拉美西斯二世的石像被发现时，没人知道他是谁，于是希腊人将他称之为奥西曼提斯，这个希腊名字又被雪莱写进诗文里，并随之名扬四海……

名字对于埃及人来说拥有非同一般的意义，在埃及创世神话中，科荷普拉从圣水中形成了意识，他看着虚无的四周无处落脚，于是他喊了一声自己的名字，他自己便由此诞生了。他想有个落脚的地方，便喊了一声这地方的名字，这地方也随之出现了。

基于这种神话，埃及人相信人和名字相互依存，名字也有自己的灵魂或精灵“伦”，它不是一个思维中的抽象概念，而是具备创造与毁灭魔力的实体。

名字可以代表一个人的形体和实质，名存人存，名亡人毁，所以在埃及人的坟墓中专门有保护墓主名字的咒语铭文，而埃及历史上很多当权者从石碑、神像上抹去前朝统治者名字的举动也就更好理解了。

与此同时，埃及人特别重视名留青史。因为他们心里也清楚木乃伊永世长存的概率不高，更何况还有些穷人根本做不起木乃伊，而死后的灵魂如果失去木乃伊这个形体也会无法存在，于是便产生了各种弥补的措施，其中就有借助名字让灵魂不朽的方式。

历史上在别人的墓碑上刻字搭车蹭个留名机会的例子有不少，更有甚者干脆把别人墓碑上的名字彻底抹去刻上自己的，这样就完成了鸠占鹊巢的理论步骤。

当然，权贵们不必采取如此不堪的手法。官员可以在给自己建立雕像或立碑时，将老婆孩子乃至七大姑八大姨之类的名字一并刻在自己名字后面共享不朽——毕竟一家人最重要的就是齐齐整整。

埃及人的名字以词语和短句的形式存在，通常情况下名字中含有神的名字和对神灵能力的描述，例如著名法老图坦卡蒙之父阿蒙荷太普四世名字的意思是“阿蒙神很满意”。还有些名字的含义是表达某神灵的孩子或某神灵所爱之人，不过埃及人的名字含义中没有表达某人爱某神的范例，这种爱是自上而下由神传达给人的。

在埃及传统中，只有国王及其王室成员的名字能够以某神或某神的孩子而自称，普通人可以退而求其次，取名为某某国王的儿子或女儿——这要在中国古代，接下来一定是狸猫换太子的大案了。不过随着王权的衰落，在早王朝之后连普通人也堂而皇之地自称为拉神的儿子或伊西丝的女儿了，还有种取巧的办法是将对神灵的赞美直接当成名字，比如“阿蒙神是万神之王”“图特神力大无穷”，这样一来，别人称呼自己时还顺便高呼革命口号赞美了诸神，当然很容易取悦神灵，好让好运临头了不是？

当然，除了那些动辄与神灵权贵连接的取名方式之外，埃及普通民众还是有更多接地气的命名方式的，比如叫娜芙瑞特的女子，她的名字含义就是“美丽”；叫耐赫特的男子，他的名字含义就是“强壮”——这样的名字看起来和中式的张美丽、李强之类很像吧？

老百姓的朴素追求放之四海而皆准，那么国王的名字呢？

自早王朝之后，从第五王朝开始，埃及国王开始有五个王名，这五个王名分别是：荷鲁斯名、两女神名、金荷鲁斯名、登基名和出生名。

埃及王权的神圣地位首先通过荷鲁斯得到确认，国王就是人间的荷鲁斯。早期的王名都以荷鲁斯名出现，例如那尔迈调色板上出现的王名“那尔迈”就是荷鲁斯名。

两女神为秃鹫和眼镜蛇，分别为上下埃及的保护神，法老通过这个名字展现其与两女神的特殊联系，同时也是埃及统一的象征。

金荷鲁斯名可能象征国王是王权保护神荷鲁斯在人间的化身，也可能象征荷鲁斯神对塞特神的胜利，其准确含义还待定。

登基名是国王继承王位时的王名，象征国王统治上下埃及。

国王的出生名，也就是拉神之子名，它常与登基名同时出现，拉神之子名体现了国王与太阳神的血脉联系。为了保护国王的登基名和出生名，它们都被写进有魔力的王名圈中。

今天的网民可能会在社交网络上更改昵称，以此向关注自己的人们暗示心情表达情绪；在古埃及历史上，国王们通过更改自己的名字显示君威炫耀功绩。

在这些改名字的国王里面，中王国时期的雄主孟图霍特普二世可谓是改名改上瘾的一位了。通过他的荷鲁斯名，后人可以品味出这位傲娇君主的细微心情：当年轻的孟图霍特普二世由王子变国王时，他给自己选择的荷鲁斯名是“珊克伊布托威”，含义是“他是把心给予两土地的人”——上下埃及的人们，我是爱你们的啊；当他当了14年底比斯之王后，在竭力抵御下埃及的反复进攻骚扰情况下，终于成功镇压了阿拜多斯的大叛乱，巩固了对上埃及的控制权。于是孟图霍特普二世怀着一颗饱经世故的现实主义者心态，给自己改了个新荷鲁斯名“尼切利赫杰特”，含义是“白冠的领主”——虽然我只是北方的主人，但我守住了自己的地盘啊；时间又度过了15年，孟图霍特普二世继续指挥着南北战争，并通过一次漂亮的防守反击一举消灭了下埃及。在这个时候，步入晚年的国王再度将自己的荷鲁斯名改为“斯玛托威”，含义是“两土地的统一者”——这句轻描淡写不动声色的描述，却带着整理两土地收拾旧山河重建国家的雄主气魄。

古埃及的儿童教育文献中常有“你不应该忘记你的母亲对你的厚恩：她生育了你，并尽其所能地抚育了你。她哺育你达三年之久，她使你成长壮大”之类的话，这说明埃及习俗中的哺乳期大约是三年时间。

古埃及的雕塑壁画中常有母亲跪着或者蹲着给自己的孩子喂奶的场景描述，第十二王朝的公主索白克纳赫特以及埃赫那吞的王后涅菲尔提提给孩子哺乳的形象都被做成王室雕像，更不要说伊西丝女神哺乳荷鲁斯的神圣雕像了。公开场合下的哺乳对埃及人来说司空见惯，毕竟古埃及对性观念非常开放，妇女在宗教节日时会撩起裙子效仿荷鲁斯和塞特争斗故事中哈尔托女神的神圣举动，不过是当街喂个奶而已，何必大惊小怪？

在中国传统观念里，喂奶的妈妈如果奶水不足，那么伺候月子的丈母娘二话不说卷起袖子下厨房，不一会香菇炖鸡汤、猪蹄黄豆汤、木瓜鳅鱼汤和通草鲫鱼汤等“催奶灵药”就摆满了餐桌。在古代埃及世界中，埃及妈妈也经常会在锅里熬煮尼罗河鲈鱼，等到水开肉烂香气四溢之时，捞起鲈鱼的背鳍然后混合香油，再把衣服一脱按摩师就可以工作了——勤劳智慧的埃及人民在催奶经验上剑走偏锋，他们认为用含有鲈鱼背鳍的油来按摩女人的脊背才是下奶的良方。

鱼油按摩这种偏门做法的有效性似乎值得怀疑，对于那些按摩无效的哺乳妈妈们，只有向神灵祈求帮助了。

当然，家里有钱的话还是很好解决问题的，雇用一些奶妈就是了。在这一点上，有不少古埃及和古中国的贵妇妈妈们非常相似，她们就算自己并不缺奶也一样习惯雇用奶妈来喂养自己的孩子。

埃及的奶妈与中国奶妈的不同点在于，雇用双方要比较一下彼此的家庭背景。如果处于同一阶级，那么奶妈可以把雇主的孩子抱回自己家里抚养，只要定期带孩子回家团聚并“验货”即可；如果奶妈家里明显差于雇主家，那么自然只好留在雇主家中做奶妈，以免害得新生的少爷小姐受委屈。

至于大富大贵的王室之家的奶妈就更讲究了——其中还有男性！这些纯爷们自然不会喂奶，他们的作用是负责对王室婴儿的安全保障以及随后的启蒙教育，更接近于家庭教师。

埃及王室的奶妈群体地位很高，时常出现涉足宫廷政治的情况。有些王室奶妈还获得了埋葬在王室墓地，与王室主人同享来世的殊荣。

埃及的国王往往与奶妈的孩子关系密切，第十八王朝的图特摩斯三世娶了奶妈的女儿，他的儿子伊蒙霍特普二世则把自己奶妈的儿子凯奈姆提拔为掌印者和土地总管。

埃及的孩子一天天长大了，10 岁之前的孩子们不分男女都只在右侧留一束被称为“荷鲁斯的发辫”的头发，其余的全部剃光。这种发型从王子到贫儿都一模一样，因为保护上埃及儿童的幼年荷鲁斯神哈波奎特斯就是这般的头发旁分并吸着手指。

生活在埃及的孩子们在夏天里大多是光着屁股满地跑着长大的，在古埃及各个时期的壁画雕塑中，孩子们都是戴着手镯、项链等饰物裸体出场。只是到了后期埃及时，稍微长大些的女孩子在大热天会穿上一条裙子。不过这并不是说孩子们一年四季都赤身裸体，在气温降低的冬季他们会穿上妈妈缝制的罩衣和斗篷。

埃及的孩子们都佩戴着护身符，有时也会有一些袖珍神像饰物。这些饰物往往以吉祥数字“七”来组成，比如七颗玛瑙组成的手链，七段金链组成的项链等。当然也有纯粹装饰性的饰品，不过上面一般还是会有咒语来保护小主人。

那么尼罗河的孩子们平时玩什么呢？

还在蹒跚学步的小家伙们手里捏着绳子，拖着带轮子的玩具马和关节能活动的人偶跟在大人屁股后面走，也会玩妈妈的纺线锤或是自己抱着球滚来滚去。

那些大一点的男孩子们借助伙伴的脊背玩跳马；疯跑一通然后跳进河里游泳；抓起绳子两头比赛拔河；跳过两名坐在地上小伙伴手臂的“鹅步”游戏；玩打仗游戏，并且要上演手拿代表玛阿特女神的鸵鸟毛和代表国王的权杖来审判打输了的“战俘”；有时候男孩们会打架，一言不合就把小伙伴揍得鼻青脸肿。

女孩子们很喜欢比赛彼此扔球，赢家可以骑在输家的背上继续嬉戏；几个女孩子可以围成圈玩“压制葡萄酒”的游戏；优雅些的可以左手拿着手状的木制拨浪鼓，右手拿着镜子跳“哈托尔舞”；有时候她们会安静地下一盘塞尼特棋。

孩子们总是模仿大人。在第十二王朝的考古遗址伊拉珲工匠村中，这些工匠的孩子们用泥捏出很多可爱的玩具，有小人、小船、泥球和石棺中的小木乃伊。孩子们制作出瞪着眼睛的猫、张着嘴的狮子和鳄鱼，甚至他们见过的各种家畜和野生动物。

总之，埃及的孩子们与世界各地的孩子没什么不同。他们在两土地上无忧无虑地玩耍，直到短暂童年的结束——以最贫苦的农民家庭为例，孩子在大约 5 岁之后就要逐渐投入劳动之中了。

在古埃及，大多数孩子都会继承父母的职业。

如果你是女孩，你要赤着身子在农田里拾麦穗，帮妈妈做饭、打扫房子和照顾弟弟妹妹，为在地里干活的爸爸送饭，抽空学习织布和编篮子，更要懂得如何用自家出产的食物交换其他东西。留在家里干活是幸运的，那些更穷家庭里的女孩得离开家，去学习如何成为乐师、舞者或仆人……

如果你是男孩，你要帮助爸爸在地里播种，把谷物运进粮仓，为大人准备狩猎的工具，在墓穴中为壁画上色准备颜料，站在船上观察河水里的异常情况，用石块把陶器表面打磨光滑……

就这样，埃及的孩子们在懵懂中游戏着，劳作着，成长着。

终于有一天，他们到了上学的年纪。

## 上学记

烈日炎炎，两个少年并肩坐在高大的椰枣树下。

地面散发出北非夏季蒸腾的热气，汗水沿着两个孩子的下巴一点点滴下，他俩赤裸的脊背上也密布着细密的汗珠。但两位少年一丝不苟地盘膝端坐，手里的芦苇秆笔在莎草纸卷轴上竭力勾勒出一个个复杂的象形字符。

现在正值酷暑，但乡下学堂里的孩子们享受不到暑假的快乐。树荫就是他们的教室，大地就是他们的课桌。他们肚子里装着午餐吃下的干硬面包和掺水啤酒，唯独少了几点墨水。

虽然两眼不敢瞥向莎草纸之外的地方，但这两个糊涂蛋都分明听见老师那可怕的脚步声已经来到椰枣树下。

随着一声破空的可怕啸音，教鞭抽下来了！

按照理想的社会构想，无论是贫困的农夫之子、普通的工匠之后，还是富裕的权贵少爷都要去上学。不过现实是骨感的，处于社会底层的孩子除非表现出过人的智慧潜力，否则罕有机会被送到神庙学校中接受教育。至于女孩更没有受教育的机会，除非是富贵人家的小姐，可以请家庭教师或由有文化的妈妈在家教导，学习如何读写象形文字和做数学题。专业人士家的女孩子能跟着自己的妈妈学习谋生的技巧，这样就出现了符合玛阿特精神的职业传承：哭丧女的孩子还是哭丧女，舞女的后代依旧做舞女。

无论是男孩还是女孩，在家庭中都会接受自己最初的老师——父母的教诲。而埃及父母对孩子的教育，往往都从灌输延续 3000 年之久的玛阿特精神开始进行道德思想教育。

就像其他国度一样，古埃及社会总结出许多教育格言用以教化百姓。

以吃饭的规矩而言，中国的家长对着孩子念叨“细嚼慢咽”“饭后百步走，能活九十九”；埃及的家长也唠叨着“假如你吃了三块面包，又喝了两瓶啤酒，而肚子仍感不足，就该对肚子加以控制”。

以处世的原则而言，中国的家长总是提醒孩子“病从口入，祸从口出”“要想人不知，除非己莫为”“己所不欲，勿施于人”；埃及的家长则训诫道“向空中吐唾沫，最终会落在你自己身上”“人之毁灭，由于多言”“不要嘲弄盲人，也不要愚弄矮子；不要妨碍跛子走路，也不要嘲弄病人；当一个人犯错误的时候也不要大呼小叫”。

在培养孩子骨气方面，中国的家长一定会将“不受嗟来之食”的故事告知儿女；埃及的家长则警告后代“别贪恋他人的土地，别行经寡妇门口……宁可穷得干净，不可富得肮脏”。

这些墓碑上的铭文和纸草残片上的文字都反映了埃及人对孩子的期望，哪怕时光辗转，语言不通，文化迥异，昔日的他们和今天的我们都一样望子成龙、望女成凤。

可怜天下父母心——就算是在虔诚信仰神灵，拥护玛阿特原则的古埃及，在如此繁多的格言、箴言教诲之下，父母依旧难免会对子女失望乃至绝望。在古王国时期的一座坟墓中，刻在墙壁上的儿女名单中有两个被涂掉了。不知他们做了什么，令爹娘做出如此决绝的决定？

也许正如一句格言所警告的那样："假如你忘恩负义，你的母亲可以羞辱你，她可以将双手举向上天，而上天是倾听她的控诉的。"

从古王国时期开始，贵族之家就以教谕来指导规范年轻人的行为。

第四王朝的《王子哈尔杰德夫之教谕》是迄今所知最早的教谕文献："你自己要保持身体洁净和服装体面，免得他人代劳帮你打理。当你富有的时候要赶紧成家立业，娶一个身体强健的妻子，让她为你生育子嗣。当你为自己安排好永生的坟墓之时，也要同时为你的儿子修建一栋房屋。"

从这简短的训诫之中，我们可以看出王子哈尔杰德夫对孩子的忠告和期望，还可以看出即使远至古埃及，生儿子依旧如同生下了"建设银行"。

出现在中王国第十二王朝时期的《对各种职业的讽刺》这一篇教谕，描写了一个来自塞尔的杜阿凯提沿着水路向南航行，送儿子珀辟前往首都的书吏学校读书，为了激励珀辟在那些官僚贵族子弟中努力学习。

这篇教谕的原文早已失落，现在流传下来的都是新王国时期并不完整的复制品。但这并不影响我们看出一个父亲的良苦用心——杜阿凯提用其他 18 种职业的艰辛与书吏进行对比，告诉孩子成为书吏是多么幸福而愉悦的一件事：书吏的生活是舒适的，他们总是穿着优质材料制作的衣服，用干干净净的双手握着笔墨，走到哪里都受人尊重，收入很高而且从不会被主人责打。而其他职业则完全不同，不仅工作苦难危险，而且工作环境肮脏不堪，终日无休无止地苦干之余还要承受主人的虐待殴打。

杜阿凯提是这样说的：

“瞧，没有任何事物能超越文字的力量！水上有一艘船……就书吏的办公环境而言，我从没见过能够与其相比的其他办公环境！它比任何办公处都大，地球上没有任何事物能像它那样。

我看到了一个铜匠，他就坐在炉口边工作。你看他的手指脏得就像鳄鱼的爪子，他散发出比鱼蛋更腥臭难闻的味道……

纺织工坊里的纺织工人比妇女还不幸，他纺线织布时膝盖顶着肚子，你瞧他的姿势简直都不能呼吸空气。如果有一天他没有纺织，那么主人就会鞭笞他五十下！

信使把自己的财产都交给孩子后才出发到国外去送信，他是多么害怕狮子和亚洲人！当他魂不守舍地返回埃及之后，他的神志才能清醒过来。但到那个时候，他的家庭都变成了赤贫的佃户，他不可能高高兴兴地回到家乡……

洗衣工人在鳄鱼出没的河岸边洗衣服……他的食物中混杂着各种脏东西，他浑身上下没有一个地方是干净的……

我也曾为你提及渔夫，他比任何其他职业的人都悲惨——他可是在遍布鳄鱼的河流中捕鱼的！

瞧，任何办公场所都会受到监督，只有书吏的办公室除外，因为书吏本人就是监督者！”

随着珀辟聆听父亲的教诲，现在终于到了去学校读书的时候了……

古埃及人和中国人一样，对于读书有一种崇敬情结，尤其是对底层民众而言，读书几乎是唯一不用付出血汗泪水就能令其社会地位上升的渠道了。

在古代埃及，孩子一般在 7 岁以后开始接受较为正规的教育。不过由于古埃及人一般活不过 40 岁的严峻现实，大多数有能力的家庭会让孩子从 4 岁起就开始接受文化教育或者职业训练。

在新王国时期的一座雕像背后刻着名叫拜凯尼素宏的高级官员履历，上面写着："我曾度过四年无忧无虑的童年时光；当我成为国王塞提一世的驯马师时，我是一个十二岁的少年；在此后的四年里，我担任了阿蒙神高级祭司；在此后的十二年里，我担任了神圣的阿蒙神之父这一职务；在此后的十五年里，我担任了阿蒙神第三先知；在接下来的十二年里，我担任了阿蒙神的第二先知，他欣赏我，他喜爱我；在后来的二十七年的时间里，他任命我为阿蒙神最高祭司。"

从铭文来看，拜凯尼素宏就是在四岁后上学接受了为期八年的驯马师专业训练，从此踏上了一帆风顺的仕途之路。

古埃及的学校分为四类，它们分别是宫廷学校、职官学校、神庙学校和书吏学校。

在古王国时期出现的宫廷学校是平民难以企及的最高学府，王室家族成员与表现良好的权臣子弟一同在王宫里学习。这样做的目的是为将来可能继承王位的王子培养亲信，待王子登基掌权之后知根知底的同学就可以直接作为执政班子成员使用了。在新王国时期，作为人质生活在埃及的外国王子也被送到宫廷学校中接受教育。这种"教育国际化"措施使得埃及附庸国的未来继承者变得埃及化，以保证他们即位后的忠诚。

宫廷学校的教师通常是维西尔或深受信任的大臣，例如第六王朝

要学会书写三种象形文字需要付出艰苦的努力

埃及的学生们正在练习抄写

时期的权臣乌尼曾被任命为宫廷教师和提鞋者。不要被提鞋者的字面意思误导，这位乌尼可是能作为国王眼线进入后宫进行暗查的亲信。他曾担任两朝维西尔，在古埃及历史上留下了贤明有才的声望。

职官学校是世界上最早的职业教育机构，中王国时的宫廷学校已不能满足埃及官僚机构的人才需求，所以国王允许各政府部门自己创办学校，以培养自己行业需要的职业技术人才和合格的行业管理官员——拜凯尼素宏就是经过这种学校培养后步入仕途的。

职官学校培养驯马专业相关人员、图书档案管理人员、财务会计师、公文抄写员和书记员等，另外有一类职业培养学校则属于神庙体系。神庙中具体承担教育职责的机构是“生命之家”，或者说是宰牛的圣堂屠场：在这个地方时常通过宰杀公牛的仪式来驱除邪恶，使这里拥有重生和延续生命的能力。

生命之家逐渐由圣堂发展成兼有登记处职能，后来又慢慢成为图书馆。这里储存了大量的纸草宗教典籍和各科专业书籍，官吏和贵族碰到难以解决的问题时，会进入生命之家查阅书籍寻求答案。在这些求知者中不乏国王的身影——拉美西斯四世就曾进入位于阿拜多斯神庙的生命之屋中研究图特神的年表。

在中王国时期，生命之家与书吏培养建立起了联系——一块石碑铭文上写有“生命之家的书吏”，这是书吏头衔中的一种。生命之家是书吏接受教育的最高学府，上面提到的学生珀辟完成在这里的学业后，就可以进入高级行政部门担任祭司、法官等职位，如果他的成绩够好的话，还可以作为教师留在生命之家培养下一代传人。

那么，珀辟会不会因此成为一名祭司呢？答案是：那可不一定哦……

神庙学校是培养神职人员的机构，这里的学生主要学习宗教和祭祀仪式。既然是培养祭司的接班人，那么学生来源一定就是祭司和与祭司集团关系密切的显贵之家。有一位祭司曾直言不讳地写道：“我遵照法老的命令，创办和管理学校，学校的全部学生都来自显贵之家，而非贫穷之家。”

神庙教育有着鲜明的等级特色，它是另一处为统治阶级培养接班人的贵族学校。祭司集团垄断了涉及国计民生的重大知识资源和科学知识，所以埃及的金字塔、王宫等重大工程都必须交给祭司阶层进行设计施工和日常管理。若非出身祭司和权贵之家，几乎不可能学习这些被秘密垄断的专业知识。

海里欧普斯神庙学校是埃及最为著名的神庙学校，你可以将其视为古埃及版的常春藤名校。在这里授课的祭司都是埃及最优秀的天文学家、历史学家、数学家、物理学家和医学家，这里有埃及最丰富的图书收藏，这里是公元前最具规模的国际学术交流中心，从摩西到泰勒斯、梭伦、柏拉图等异国的先知和学者都曾在这里游学。

拉美西斯二世在底比斯建立的卡纳克神庙学校和埃及古城爱德福的神庙学校也同样著名。这些学校影响极大，学习科目非常广泛，传授和研究古代埃及的历史文学、天文地理、水利建筑、雕刻绘画、音乐舞蹈、神学法律、巫术医学等课程，涵盖了古埃及所有知识体系。尤其是在这些高等学府中培养出通晓两河流域的楔形文字“阿卡德语”的翻译，这种语言是古埃及时代的“英语”，掌握这门国际语的埃及外交人才大都来自神庙学校。

分散在各个诺姆乡村的书吏学校是古埃及最为普及的基础教育机构，一般模式是由有威望有经验的年长书吏教授若干个本地学生，这些学生中也包括书吏的儿子。

书吏学校的办学规模小且学习地点随意，在天气炎热的情况下，往往课堂就设立在一棵大树的树荫之下，学生们席地而坐倾听老师授课。孩子们在这里只能学到基本的读写和数学知识，那些家庭地位较高或是表现出特殊才华的孩子会被视为有成为祭司或者书吏的潜质，那么他将被送到更高级的学校接受教育和训练。

杜阿凯提老爹说的没错，作为一个书吏是生活舒适的——哪怕是还处于学生阶段。埃及的母亲为孩子准备在学校的午餐，从一块陶片上的记载来看，埃及学童的午餐非常丰富，其中包括 33 种鲜肉、48 种干肉和 24 种饮品。

不过现实生活中，乡下学生的午餐就两样：面包加啤酒。

吃饱喝足之后，要开始用功了。从麦地那工匠村出土的文献中可以看出古埃及老师以整句话传授的方式教学生学习阅读，而不是按照一个一个象形文字来学习然后拼成一句话。老师在授课时要求学生们大声阅读课本上的例句直到他们牢牢记住，然后再用石灰石在陶片上把这些句子写出来——虽然闻名于世的纸草更便于书写，但这些昂贵的纸草不能浪费在学生学习写字的阶段。哪怕是在财大气粗的神庙学校里也是一样用陶片练习，位于底比斯西岸的阿蒙神庙曾出土大量的陶片残片。

埃及的学生们是很辛苦的，学生们诉苦说“学校里的作业像山一样恒久”。考虑到埃及流行三种象形文字系统，且每一种文字都有它应用的场合，以至于这三种书写方式学生都需要掌握的情况，孩子们发出这种抱怨也是可以理解的。

我们今天对着象形文字如看天书，而这种文字对古埃及人来说一样很难掌握。想精通三种象形文字，必须要经过长期严格的训练和刻苦的练习。

学生被要求每天抄写至少 3 页象形文字，不仅要正确还要书写美观，这对于初学的儿童来讲是很不容易的。孩子们在陶片上反复练习，只有在他们熟练掌握好复杂的文字系统后，老师才会给他们发纸草，让他们像个真正的书吏那样用芦苇笔蘸着几千年不褪色的树胶墨水进行书写——这些纸草都是别人用过的旧稿，学生们只能按照老师的吩咐在空隙处写上新内容。

传统的埃及书写用具由用细绳串联在一起的写字板、水碗和笔筒组成，每个书吏都随身携带，行走时搭于肩上。长方形的写字板由木头和雪花石制成，写字板上有椭圆形的凹槽，分别盛放红和蓝（或黑）两种墨水。笔用芦苇制成，一头用锤子砸软后修剪成刷子状，书写时用“小刷子”蘸着墨水书写。黑墨水用于一般书写，红墨水用来标记题目、段落起始部分、文中重点和书写魔法。

在一份流传到后世的纸草残片上有一段师生对话。

书吏皮阿伊对阿蒙莫斯说：“第三章是为你准备的。”

阿蒙莫斯回答：“我将会做它！看，我会做它，我会做它。”

皮阿伊说：“带着你完成的章节过来给我看！”

作业呈给先生过目，结果要么是做得好获得夸奖，要么是做得差接受惩罚。杜阿凯提在提醒儿子注意体力劳动者动辄被主人虐待的时候，隐瞒了学生常常被老师痛打的事实——埃及的很多教谕文献中，都写着教师要鞭打不努力学习的孩子。

“不要懒惰，书吏，否则你将立刻被惩罚！不要让你的思维因逃离课堂而天马行空，否则你将失败……不要懒惰得度过一天，否则你将被鞭笞。年轻人的耳朵长在他的背上，只有当他受到鞭笞时他才会听话……”

古埃及的教学之道以体罚为纲，他们特别信奉对皮孩子“三天不打就要上房揭瓦”这一真理，教师的指导思想认为“知识是技艺之神图特通过教鞭送给人间”，甚至在教谕中写着学生接受河马皮鞭鞭笞是一件令人身心愉悦的事情——也不知到底是学生和老师中的哪位因此而身心愉悦？

在古埃及的课堂上，上课多嘴讲话，挨鞭子！听课时睡觉，挨鞭子！写字做题行动迟缓，挨鞭子！懒惰没写完作业，更要加倍挨鞭子！

在一块石板上刻画了这样的古埃及上课情景：学生们席地而坐，在纸草上奋笔疾书，他们的老师双手握着写字板站在学生后面，随时准备给令自己不满意的劣徒来一家伙……

带着父亲的殷切期望，学生珀辟会在这样的环境中逐渐成长。如果一切顺利的话，他会熟练掌握象形文字的书写，并通过学习古埃及经典文学作品学会使用优美言辞这一书吏的有力武器。等他能够完成申请书、报告书、经济或者商业记录文书等实际本领之后，他可以像拜凯尼素宏那样选择在十二三岁就毕业，然后作为一名书吏被政府或神庙雇用。如果他表现出众又肯继续用功，那么还可以到政府部门申请实习，学习自己期望获得职位的工作方法，这样也许会导致他到十七八岁才能毕业。又假如他真的天赋异禀骨骼惊奇，也许能像古埃及著名的神童贝肯康那样 15 岁在御马管理机构毕业，16 岁就留任执教并成为机构管理者，之后一步步走向著名大祭司的人生巅峰……

如果珀辟真的存在过，那么当他结束自己的学生生涯后，应该可以获得自己的职业，在两土地上的某一处独立生存。

到了那个时候，杜阿凯提老爹一定会继续训诫自己的儿子："当你发达的时候建一所房子，有心爱你的妻子，让她食可果腹，衣能蔽体，并用油膏涂抹她的身体……"

总之，珀辟你该自立门户啦！

## 爱在西元前

埃及的男孩在 14 岁进入青春期，长到 15 岁左右时被视为成年，那么他就应该娶妻生子了。这个年纪以今天的眼光来看过于年少，但考虑到古埃及普通人一般活不过 35 岁，40 岁就可谓寿星的状况，15 岁都隐隐有些"中年危机"的味道了……

埃及的女孩更早进入青春期所以结婚也更早，她们在 12 岁至 14 岁之间出嫁，准备度过相夫教子的短暂一生。

成年的标志，当然是参加有点痛楚滋味的成年礼。

埃及的孩子们在参加成年礼时会剪掉垂在右侧脸颊上的"荷鲁斯的发辫"，这意味着他们快乐童年的终结，以及苦涩的成年时代开启——男孩子成群结队地由祭司进行包皮切割手术，以此作为圣洁的成人标志。

在象形文字中，阴茎表示为去除了包皮的生殖器。

古埃及人认为只有割掉包皮才能拥有圣洁的身体和灵魂，在努比亚发现的史前木乃伊身上发现那时埃及人已经开始做包皮切割手术，历代埃及壁画中描绘的底层劳动者画面也表明这种手术非常普遍。

象形文字中对于没有进行过包皮切割手术的人采用的词汇是“凯若奈特”，它们是用来形容外国人的歧视性词汇。第二十五王朝的黑蜀黍国王皮安基很歧视利比亚人，理由是他们不割包皮所以不洁净。这种歧视甚至发展到在统计敌人阵亡人数时，埃及人不仅要砍掉利比亚人的手，还要割掉他们不洁净的阴茎……

在第一中间期的一块石碑上，记录了120个男孩同时进行手术的例子。而在第六王朝时期一个名叫昂赫马霍尔之人的马斯塔巴坟墓中，壁画描绘了包皮切割手术的细节：一个站立的男孩把左手放在进行手术的祭司头上，祭司左手按着孩子的阴茎，右手用制作木乃伊时取出内脏时用的钩状燧石刀，给包皮来个痛快的一刀两断……这幅壁画紧接着描绘了完成手术的孩子坐下，祭司按着孩子的阴茎在上面涂油状液体进行伤口护理。

与男孩子包皮切割术相对应的是对女孩子的割礼，这毫无疑问是一项野蛮的风俗。虽然没有直接的考古学证据，但在纸草文献中有“为进行阴蒂手术的处女”之类的描述，埃及学家们推测古埃及很可能也存在对女孩子的成人礼节手术。

直到今天，埃及人依然延续着这个古老的传统，虽然它的宗教理由已经大不相同。

对于古埃及的男孩和女孩来说，经历了这种痛苦的成人礼节之后，这些平均身高 1.6 米多的少年和 1.5 米多的少女便正式步入了成人生活。

古埃及人的爱情观念是无比开放的，他们对性的态度令我们瞠目结舌，尤其是埃及女孩对待爱情勇敢坦诚，她们往往主动向意中人示爱，即使是在今天也绝对是女权先锋的表率。

在古埃及的文献中，经常有女性炫耀幸福爱情的篇章。例如有个女子说自己邀请意中人一起到尼罗河中洗澡，这样对方就会欣赏到自己丰美的身材。还有个男孩邀请情人到芦苇丛中共享甜蜜时光，他的小情人反而建议在一棵茂盛的石榴树下约会。

看看开罗博物馆陶罐残片上的一首情诗，你就会知道这是一个何等热情奔放的民族：

我的爱人就在河对岸，
湍急的河水挡在我们之间，
水下潜伏着阴险的鳄鱼。
我跳入河中，
我不怕水有多急多深，
也不怕鳄鱼有多么的危险，
鳄鱼在我的眼里就像是一只老鼠，
河流对我来说不过如履平地！
是爱情给了我力量，
爱情真的具有神奇的魔力！

我激动得心潮澎湃，
因为她已经站在了我的面前，
我的妹妹已经来到，我的喜悦难以言喻！
我伸出胳膊拥抱着她，
我的心跳得就像池塘里的小红鱼。
啊，夜晚，永远属于我吧！
因为我的“王后”已经来到！

话说回来，少年男女之间真挚的爱情并不一定都能带来美满姻缘。在大多数情况下，埃及女子会按照父亲的意志出嫁，如果她没有父亲就靠家族中的叔伯来主持。直到后期埃及时期，埃及女子按照自我意志择偶的例子才多了起来。

出嫁后的埃及女子被称为“房屋的女主人”，那么这间房屋中会有几位女主人呢？在古王国之前，这个答案是只有一个。那时候只有国王和贵族才允许有多个妻子，并且正室依然还是一位。到了第一中间期之后，权贵们纷纷开始娶多个妻子，再到后来有钱的埃及男人也可以让自己的房屋里出现好几位女主人。

在古埃及社会中，平民普遍实行一夫一妻制度。倒不是说老百姓情比金坚，而是以当时的社会生产力同时养活几位妻子的开销太大了……在这方面祭司阶层比较自律，按照传统不管多有钱的祭司之家，房屋的女主人只能有一个。

埃及夫妻之间喜欢彼此称呼哥哥妹妹，但像王室那样的亲兄妹结婚还是非常少见的。平民的亲上结亲一般是表兄妹或堂兄妹这种亲缘关系，或者是与继父或继母带来的兄弟姐妹结婚。

从第一中间期到第十八王朝之间的 490 件婚姻记录中，只有两桩婚姻属于真正的兄妹婚。不过从托勒密时期这个比例开始激增，受到希腊裔王室婚姻的影响，兄妹婚占据了当时历史记录中百分之二十四的比例。到了罗马时代，在法尤姆首府“鳄鱼城”阿西诺甚至有近三分之二的婚姻是真正的兄妹婚。

古埃及语中“结婚”一词用“走进爱人的房子”来表达，婚姻没有官方指定的仪式，新婚夫妻也并不像后人想象的那样在神庙中接受祭司的祝福——在前面的章节中已经说过，神庙这种神圣的地方，老百姓是进不去的。

古埃及婚姻过程中唯一显得仪式化的步骤，大概就只能算是婚姻协议了。

在古埃及的小康以及富贵之家的子女准备结婚的时候，往往会签订“关于妻子的一个协定”。这种协定并不是法律规定的，甚至也不一定是婚前签署的。这种协议并不是中国古代男女成亲时“三媒六聘”中的聘书，而主要是约定夫妻双方的责任义务，尤其是一旦夫妻感情破裂之后的财产分割问题——因此在第三中间期之前都是由老丈人和女婿经过讨价还价之后签订的……第三中间期之后，随着女性地位的提升，这种协议由夫妻双方共同签订，一般会由当地官员见证并主持。

那么贫困的底层夫妻是否也会签订类似的协议呢？实事求是地说，有，但数量极少。埃及人结婚讲究门当户对，穷光蛋能娶到手的也是穷人的女儿，整日挣扎在温饱线上的穷夫妻估计顾不上想那么长远。就算有离婚协议在先，共同财产也是分不到仨瓜俩枣的。最重要的是，他们不一定出得起雇用书吏的钱……

古埃及婚姻协议有约定俗成的模板格式：

一、首先介绍夫妻双方名字和生日，然后是双方父母名字，甚至还包括未来孩子们的名字；接下来是男方职业和国籍（如果他不是土著埃及人的话）。

二、丈夫给妻子的“新娘礼物”，这些彩礼等同于一个奴隶的身价，但往往是虚晃一枪并不真给，一旦离婚时男方才会按照当初约定的新娘礼物的价值支付给妻子赔偿金。

三、妻子嫁妆明细，这些都是岳父岳母的婚前赠予财产，离婚时完全归女方所有。

四、丈夫支付给妻子的婚姻担保金，这笔钱往往等同于男方的全部身家，它与彩礼一样并不真给，只有在丈夫将来提出离婚时妻子才能索要。要是妻子提出离婚则一个子都拿不走。

五、结婚后家庭收入属于夫妻共同财产，其中三分之一属于妻子，这笔钱同样可以在离婚时向男方索要。

六、不常见的其他条款：如婚姻有效期的约定，但这种条款到期时似乎并不意味着婚姻关系自动终止；“处女礼物”是丈夫对妻子在婚后失去贞洁的一种补偿，但从古埃及风气来看，这一条不常见也是有它的理由的；“供养协议”明确了丈夫每年或每月给妻子的生活费金额或实物数量；其他一些可以让丈夫提出离婚的理由，以及他会由此付出的代价。

婚姻协议正面由夫妻双方签署，背面让见证人签字作证。协议一式三份，男女双方各一份，主持签约的官吏也会留一份。

婚姻协议说明了很多问题，从好的地方来讲，首先是埃及的妇女的社会地位比同时代的其他文明要高，婚姻协议有效保护了她们的合理权利，同时也约束了丈夫花心的概率；如果从不那么浪漫的角度来看，古埃及的离婚率显然不算低，好聚好散再见也是朋友更是不可能，所以才会催生出如此的习俗——

“孩他妈，快从房上下来吧，我以拉神的名义起誓，不和你离婚娶小三咧……”

“不行——你立字据！”

字据立好，皆大欢喜。接下来的事情古今皆同，中外一致：操办喜事，大摆宴席。在埃及的文献中并没有太多关于婚礼细节的描述，不过从拉美西斯二世迎娶赫梯公主，以及古埃及文学《王子塞特纳的故事》中，埃及人的婚礼一样是高朋满座，亲友如云，吃饱喝足之后，新娘带着嫁妆进入新郎的房间，从此成为房屋的女主人。

身为一个埃及丈夫，他要离开父母的房子，建立自己的房屋独立居住。如果他是长子，因为要继承大部分财产同时承担大部分的赡养义务，所以在父母家附近居住；身为一个埃及妻子，她有权处置家庭财产，可以继承父母和丈夫的财产，可以决定自己财产由谁继承，可以拥有奴隶，可以出外抛头露面工作，可以自己进行司法诉讼，甚至可以不依靠男性独立生活。不过绝大多数埃及妇女，婚后还是留在自己的房子里酿造啤酒、磨面粉烤面包、挑水做饭、纺线织布、缝补衣服、照料家神的神龛——当然还有最重要的生儿育女。

埃及民风开放，但对夫妻间的忠诚相当看重。通奸行为会受到严厉惩罚，在不止一个埃及文学故事中，都有着国王为遭遇不幸的丈夫伸张正义的情节，通常故事里的奸夫淫妇都会被处死。

埃及人注重婚姻质量，埃及男子自幼被教育娶一个好妻子拥有美满家庭生活才是自己应该具备的理想与职责。

各种教谕谆谆教导：

“不要娶一个忧郁的女人，如果一头驴和一匹马同时拉套，那么驴只好随着马的步伐赶路；不要娶一个不虔诚的女人，免得她生下的孩子也不信神。

“你应该在家里保持沉默，因为你只需要用眼睛看她是否称职。婚姻的乐趣在于你和她和睦相处，但是很多男人不懂得这一点。

“专注你的事业，美化你的房屋，爱护你的妻子；别使她饿着，别使她冻着……和睦相处，使她高兴，她会使你受益……假定你们相处不善，那你的家庭便会败落。”

但是，就算有独特的文明，宽松的氛围，严格的协议，但并不是所有埃及人的婚姻都长久，古埃及雕像和墓室壁画中对夫妻之间幸福恩爱的描绘也只是理想主义的产物。

实在过不下去的时候，就算是伊西丝和拉神出面，也挽救不了两个人破裂的感情。在埃及，夫妻双方都有权提出离婚，离婚后双方各自再娶再嫁悉听尊便。除非是道德败坏引起的离异，一般也不会影响到离异夫妇的个人名誉。

虽然前面介绍了结婚协议，不过大家也知道大部分埃及平民不会准备这种文件，所以一旦离婚时就要由古老的社会规则来裁决了：

如果丈夫提出离婚而妻子又无过失的话，他就必须归还妻子的嫁妆，并且要付给她一笔赔偿金，同时还要给她分得家庭共同财产的三分之一；如果情况反过来，丈夫只需归还嫁妆即可；若是夫妻双方有一方有通奸行为，那么等待他（她）的就是净身出户。

在埃及的历史文献中，有很多离婚后的渣男拖欠前妻补偿金的案例，同时也有很多关于孤儿寡妇艰难度日的描写。

一般在这种情况下，娘家人会站出来帮助被遗弃的妻子或是无助的寡妇。

在第十九王朝的一块贝壳上刻着这样一段话：

“你是我的好女儿，如果工人巴克斯诺斯把你逐出门外，我将采取行动……房屋是属于国王的，但你可以住在仓库的前厅，因为正是我建造了它，世界上任何人都不能将你从那儿赶走！”

是的——不管你离开家多久，不管你嫁到多远的地方，你的老父亲永远都惦记着你，为你敞开归来的房门……

## 蜗居两土地

太阳照常升起，灼热的光芒照耀着上下埃及的城镇和村庄。

阳光下的埃及炎热干燥，处处灰尘弥漫。家家户户都以干燥牛粪做燃料，做饭时产生的浓厚烟雾在空中经久不散。

尼罗河边的居民点中街巷狭窄局促，房屋周边堆满了恶臭的垃圾，老鼠和虫子占据了垃圾堆，密集成群的蚊蝇飞在人和动物之间嗡嗡作响。

生活在这种环境下，埃及人是带着怎样的心态度日呢？

在法语国家中有句口头禅“C'est La Vie（这就是生活）”，这个金句颇有我们口头禅中“人生不如意者十有八九”的意味，古往今来所有国度的生活都是在不断的希望和失望中前进的，就像那句著名的 TVB 台词“做人呢，最重要的就是要开心”。

即使身在古埃及，再多的烦恼也没有一顿小烧烤解决不了的，如果有，那就再加上啤酒和面包……

必须承认，我们对埃及人坟墓的了解要远远大于对他们生前居所的了解。这是由于埃及自有特殊国情在此——活人的住宅都是用泥砖建造的，从国王到农民都是如此，只是豪华舒适程度有差异，这种材质的建筑基本上不用考虑几千年长度的长期保存了……

我们都知道尼罗河河水每年定期的泛滥与消退，这种大自然的规律为埃及文明带来了生命，也为埃及建筑带来了毁灭。为了不让洪水席卷家园，埃及早期大多数的城镇村庄都建立在高地上。随着人口增加，人们向低地迁徙，于是创造出以堤坝环绕聚居区来抵挡洪水的方法。这些堤坝用泥土筑造，需要实时监管以防溃堤灾难出现。

埃及很缺乏优质木材和石料，所以它们被优先用于神庙和陵墓建筑上，因为这是代表永恒的所在。至于短暂尘世间的蜗居之地，就只好用泥砖修建了。

在公元前 3000 年时，埃及人就已经精通泥砖建筑技术。他们开发出泥砖的建材尺寸标准，工人按照统一的大小标准把尼罗河淤泥与碎麦秆和沙子混合后晒干，这种建筑材料随取随用极为方便，在干燥炎热的沙漠气候条件下可以维持几代人的时间。

那么一个标准的埃及式住宅是怎么构成的呢？

一般人家会用泥砖围成一个院落，在面对街道的墙壁上开一道门，门通向会客厅，出了会客厅就进入院内。院子周围有里外都刷成白色的正方形房间，它们一般是卧室和起居室。院子本身是个配有两个地下粮仓的户外厨房，主妇在金属火盆或石头壁炉旁边制作面包、酿造啤酒。

如果有可能的话，城镇居民会将房屋修建成几层小楼，以图在狭小的占地面积中尽可能增加居住的空间。中间阶层市民的房屋第一层是会客室和工作室，第二层是主人的私人居所，楼顶一般是用人房或储藏室。不过在闷热的夜晚，人们也喜欢登上楼顶，在平坦的屋顶上睡觉乘凉。

从古王国时代开始，古埃及乡村地区的农庄建筑围绕农庄主人的宅邸而建。这些有围墙保护的院落紧邻农庄田地，一般至少有两层结构。底层由几根泥砖圆柱支撑，牛和驴子被拴在圆柱周围吃料休息，剩下的房间是工坊和厨房，剩余空间是储藏室。二层较为凉爽的房间才是主人和家眷的居所，这些房间有着厚厚的墙壁和狭小的方形窗户。

白天，女仆在楼顶平台上晾晒衣服，家里的孩子们也喜欢在楼顶芦苇搭成的凉棚下玩耍。院子里饲养的家禽主要是鸭子，它们乱哄哄地在靠墙而建的圆锥形谷仓附近踱步。小麦被小心地从谷仓里取出来送进厨房，厨房里的女人们在马鞍形的石磨上碾去麦壳磨成面粉，面包师跪在石板案板前用力揉面。揉好的圆锥形生面团被送进靠墙搭起的烤炉中烤成面包，厨房里的另一个炉灶是地上掘出的火塘，火塘上有金属支架，支架上会视情况烤制河里捕来的鱼或是鸭子。

除了城镇和乡村，埃及还有一类独特的建筑聚落：修筑国王陵墓

短裙和努格白是古埃及古王国时期的标准男女服饰

的工匠村落。得益于数千年沙漠掩盖的保护，现代考古学者发掘出大量的工匠村落遗址。我们得以真实地了解这些生活在泥砖和石块修砌的狭小方形房屋里的古埃及人。

一位石匠的长方形房屋位于工地附近的山谷中，他的房门被漆成辟邪的红色，走进红漆木门后，便来到整套房屋四个房间中的客厅。在客厅的角落里用泥砖搭起一座丰产祭台，上面雕刻着贝斯神像、舞女肖像和藤蔓的图案。

相邻房间是卧室，里面有一个低矮的泥砖台是石匠睡觉的床，卧室的泥砖墙里修建了长方形的拱顶壁龛，石匠在里面摆放着献给祖先的石碑与石制胸像。石匠及其家人都无比崇拜这些圣物，他们时常把祭品放在石桌上向祖先献祭，请求最近去世的家人精灵给予庇佑——这是身为一个从事危险工作之人必要的精神支撑。

如同其他埃及人一样，石匠的屋子里还有厨房和储藏室。在每间房屋中都有供奉着从索贝克、普塔、阿蒙、哈托尔和赛克迈特等神灵雕像的壁龛，这些壁龛旁边一样也有石碑和祭桌，石匠时常焚烧香料向神灵祈祷。其中石匠特别把敏的神像放在卧室的泥砖床旁边，希望神能保佑他享受优质的性生活，并且保证能生儿育女繁衍家族。

埃及人热爱花草树木，大户人家有自己专门的花园或者果园、屠宰场和面包房，普通人家也会在院子里种植花草，并用鲜花装饰室内。通常来说，哈尔托女神的圣树无花果树是埃及人院落中的常客，其他的葡萄树、椰枣以及能遮阳乘凉的树木也很受欢迎。

目前没有在埃及的房屋遗址中发现存在输水管道的痕迹，但有钱人家依然拥有卫生间和淋浴房。卫生间里摆放着沙筒和石灰石坐便器，淋浴房地板上铺着石灰石片，主人站在地板上由用人将水桶里的清水倾倒在他身上，洗澡水通过墙上的通道排至户外。这水都是妇女从附近的水渠河道中用大泥壶或陶罐挑回来的，富有阶层则选择在院落里凿井，大大方便了住宅用水需求。

埃及房屋的泥砖墙壁很厚实，位于墙壁高处的狭窄窗户覆盖着亚麻布帘或木质百叶窗。这些窗户一般是朝北开的——每年春天撒哈拉沙漠都会刮来夹带着沙尘的酷热西风，沙尘害得埃及人很容易患尘肺病。而来自北面地中海的清爽海风给人的感觉清凉洁净，埃及人认为这是阿蒙神的呼吸给了他们酷暑中的清凉，因此埃及的房屋一般都会朝向北方。

为了尽可能让北风吹进室内，埃及人还在屋顶修建三角形的风塔用来引风，直到今天这种设施仍然在埃及农村很常见。

埃及房屋内部采光不足，光线十分暗淡。夜晚时他们点燃小陶罐里的蓖麻油照明，这种油灯的气味曾令希罗多德抱怨不已。有钱人家使用雪花石膏制成的灯，还会加热香脂让空气中弥漫着甜腻的气息。埃及人当然还有火把，但这种照明工具一般用在葬礼上以驱逐黑暗中的邪魔。

埃及天气炎热，垃圾遍地。尤其在洪水退后的九十月份，蚊虫蜂起扰民。在古埃及时代的教谕文献中记载了农民被蚊虫叮死的可怕情况，上下埃及的居民们一直为此感到头疼。

希罗多德说，住在三角洲沼泽地带的埃及人建造塔形的高层建筑，晚上睡在蚊子飞不上去的最顶层以防叮咬。希罗多德的说法还没法验证，不过在胡夫国王母亲的坟墓中倒是发现了围在床上的木质框架，考古学家们认为这应该是蚊帐的架子。埃及不缺亚麻布，能够搭个帐子还是做得到的。

事实上埃及人的房屋与街道的清洁程度成反比，他们喜欢居住在干净整洁的环境中，并不喜欢用太多的家具塞满房间。

埃及人用泥砖或泥土夯实后铺成室内地面，然后铺上光滑的灰土，再铺上芦苇、莎草纸或棕榈纤维编制的席子，将灰尘和沙子遮挡在席子下面。

已知的埃及平民房屋内部家具摆设较为简单，以实用为主。一般都会有低矮的桌子和铺设干草坐垫的木头凳子，盛放食物的盘子被放在台面上，扶手椅则是为地位尊贵的客人准备的，睡床一般是泥砖或木质的小平台，上面铺着草席子。

有钱人家的家具自然会讲究很多，新王国时期的权贵卧室中布置了黑檀木和象牙制造的床、扶手椅和沙发，所有家具上都有柳条编织的席垫，它们的腿部一半做成动物脚爪模样，以狮子腿脚造型居多。有钱人用的枕头一般是木质或者石质的弯月形状，当然大家可能对博物馆中图坦卡蒙的精美黄金枕头印象更深，但那是给死人用的明器，活人不用这个。

仔细打量埃及人房屋内部设施的话，你还会注意到在用颜料彩绘装饰的房间里能看到各种动植物和风景图案，墙壁上大小不一的木匣和壁龛中放置了亚麻布匹、生活陶器、衣服首饰、化妆品、玩具等零碎物品，以及供奉了各种神像，尤其是能保护妇女儿童的图特、伊西丝、哈托尔、贝斯等神灵。

埃及人的虔诚是毋庸置疑的——他们在诸神的注视下睡去醒来，在诸神的庇护下出生死去。

说到埃及最具标志性的建筑，恐怕除了金字塔以外，还真没“人”好意思站出来应声了。

说到金字塔，人们总会条件反射地想到胡夫的大金字塔，大金字塔虽然气势恢宏，但它并不是埃及最早的金字塔，金字塔的“知识产权”属于第三王朝的左塞国王。

在左塞之前，历代埃及国王都长眠在埃及传统式样的泥砖墓葬中。但左塞王自认为自己大大拓展了埃及的国界，还通过贸易获取了滚滚财富，如此文治武功的成绩自然在死后应当享有超越历代先王的不同待遇。

既然领导高瞻远瞩地指出了事业的方向，那么左塞的维西尔（类似首相的首席政府官员）伊蒙霍特普便开动脑筋琢磨如何为国王的永生之地提供一些创新举措，好让陛下有别于那些躺在泥砖坟墓中的前辈——这位埃及神话中的伟大智者最终设计出位于萨卡拉的世界上第一个金字塔：阶梯金字塔。

阶梯金字塔是埃及历史上开天辟地的壮举，也是世界建筑史上的第一个全石质建筑。它由几个长方形的马斯塔巴坟墓连续堆积起来，小的摞在大的上头，一层层叠放上去，最后建成一个全高 62 米，底部东西长约 121 米，南北长约 109 米的六级阶梯形金字塔——左塞国王死后，心满意足地躺在这座金字塔下面。

左塞王所属的第三王朝时代结束后，埃及进入古王国时期。

在古王国的大部分时间范畴内，王权和神权的结合牢固稳定，贸易为国王带来滚滚财富。既然天下太平江山永固又不差钱，那么作为世间唯一有资格享有永生权利的神王，自然只有一件事情值得他们心无旁骛地投入一切资源和注意力，那就是建造自己的金字塔。

古王国时代的埃及人并不会称呼国王坟墓为金字塔，大埃及自有国情在此——金字塔在这里被浪漫地称为“百万年之屋”，那是对国王永恒坟墓的尊称。

古王国时代的金字塔并不是一座简单的坟墓，而是以坟墓为核心而建筑的整整一座死者之城。每一代国王手下最有才华的祭司、建筑师、天文学家、教育学者们都集中起来，他们指导大批石匠、雕塑师、画师和书吏，将古王国最灿烂的建筑和艺术成就都表现在陛下的坟墓当中。

每一座国王的坟墓，都是一个规划完善的王陵城市，其中不仅仅包括国王的坟墓，还有周围作为他的朋友一同搭便车享受永生的权贵的坟墓，这无疑是神王赐予臣下的巨大恩典和无上荣耀。

为了实现这一宏伟计划，在古王国最鼎盛的时期，国王便会投入他所能控制的全部人力物力，从每一块石头到每一个农夫，整个王国所有的资源都用来建造国王的永生之所。

自从早王朝的左塞王荣耀地安眠在阶梯金字塔中之后，这种体面的安葬方式深深打动了后代君王们的心。当他们拥有的财富和国力比左塞王更强大时，已经没有什么能够阻止国王们开始一场金字塔竞赛了。

一开始的时候，国王们对于究竟采取哪种建筑方式举棋不定。例如有钱任性的第四王朝国王斯尼夫鲁就花了近四十年时间一口气建造出两座金字塔来一比高下。

这两座金字塔都位于开罗附近的达赫舒尔地区，其中一座被称为弯曲金字塔，它的底部为边长约 189 米的正方形，是埃及建造光面金字塔的一次尝试。

弯曲金字塔其实本来是不弯的，在原始设计中打算建得很高。可是在建造过程中建筑师们发现金字塔会因为无法承受自己的体重而坍塌，大家赶紧把高度降低到约 105 米。当高度降下来的时候，底层部分已经完成了，于是预定的角度也被迫修改，最后变成了在塔身超过一半高度的时候角度突然出现变化，由 52 度倾角变为 43.5 度倾角的弯曲构造。

弯曲金字塔旁边的红色金字塔是斯尼夫鲁为自己建造的另一座陵墓，这个表面光滑的金字塔虽然体型较小，却是埃及历史上第一座真正的锥形金字塔。红色金字塔因为所用的建筑材料会在一些光线作用下泛出淡淡粉红色而得名，外形非常优美典雅。

红色金字塔的内部结构比较简单，从墓口通道下去之后进入第一个墓室，接着走过一条低矮走廊进入开阔的第二墓室，再沿着陡峭的石阶爬上去之后就是主墓室了。

在寂静的金字塔中发出的任何一点声音，都会因为回声效应变成轰鸣巨响，令闯入者产生金字塔随时随地会坍塌的错觉。在墓室走廊上空的锥形天花板高且狭窄，压迫感极强烈，寓意斯尼夫鲁复活升天的楼梯。

弯曲金字塔内部空间要大很多，穿过一条长约 80 米的狭窄地道，可以进入弯曲金字塔宽阔的拱形内殿。从拱形内殿出发，有通往其他内室的过道，在金字塔内部有一上一下距离约 18 米的两个墓穴，分别有独立墓道通往不同出口。

斯尼夫鲁最后究竟埋葬在弯曲金字塔还是红色金字塔中依旧是个不解之谜，不过他的儿子胡夫并没有像父亲一样搞出一堆试验性金字塔让自己陷入选择困难症中。这位继任的国王花了 25 年的时间为自己的来生做准备，他的成果就是至今仍蕴藏了无数秘密，并且将金字塔建筑艺术和科学技术推到前无古人后无来者地步的伟大作品——大金字塔。

在开罗西南吉萨高地的西北角方位，临近沙漠边缘的位置上耸立着胡夫大金字塔及其配套的大墓地。

在胡夫之前，从未有人在此地建筑任何建筑物。当他的大金字塔完全建立起来之后，高 146.59 米，相当于 40 层楼（由于几千年的风化剥蚀，目前高为 136.5 米）；四周底边各长 230 米（目前长 220 米），它将地球上最高建筑物的纪录保持了数千年之久。

大金字塔本身用排成 210 行的 230 万块磨光的石灰岩石砌成，平均每块岩石重量约 2.5 吨，最大的石块重约 15 吨。石块接合得非常严密，连张纸也插不进去。周围还有约 2.5 米高的围墙和一座用来为胡夫举办葬礼的巨大神庙，整个建筑群周长绵延约6500米。

从这里开始有一条800余米长的甬道通往尼罗河岸边的河谷庙，附近沙漠中还至少有五个大沙坑中埋藏着胡夫的精灵巡游天空时需要的太阳船。

大金字塔内部是一个复杂的迷宫结构，由布局复杂的埋葬间、通道、竖井和走廊组成。但是与父亲斯尼夫鲁一样，人们也没能在大金字塔中找到胡夫的木乃伊。有一种推测是在漫长的时间中，历代盗墓者早就潜入大金字塔，将其中的木乃伊和随葬珍宝洗劫破坏殆尽了。

胡夫并不是一个人孤单地躺在金字塔中，在广阔的死者之城中有几百个权贵的坟墓“马斯，塔巴”，这些人中有王室成员、贵族、高级祭司和高级官员，他们作为国王邀请的朋友同享永生。死者之城中并非只有死者，在附近村庄中居住着建筑工人和祭司，建筑工人继续完成附近为王后建造的三座小金字塔，祭司则在国王去世以后充当以他个人偶像的崇拜者，保证四时香火不绝。

除此以外，还有一个微型祭祀用的金字塔，这是胡夫死后用来举行宗教和魔法仪式的场所。

埃及人将胡夫的百万年之屋称为“库特胡夫”，意思是胡夫的地平线。即使是这些见多识广的人们，也惊叹于国王突破天际的想象力和大手笔：在胡夫金字塔最辉煌的时代，远远从地平线上就能看到大金字塔顶部的闪耀金光——那是它9米多高覆盖着黄金的锥形顶石在反射日光。

埃及人确信这是一个真正的太阳神王的陵墓，即使在今天，进入大金字塔者都会体会到异常闷热带来的窒息感。

胡夫金字塔剖面图

大金字塔的入口位于北壁，距离地面大约 13 米处。北面向阳，入口开在这里以便于胡夫的灵魂沐浴阳光。这个入口大约一人多高，上端由 4 块巨大的石板构成“人”字拱门，以此分散金字塔塔身自重构成的巨大压力。

走进入口，是一条向下延伸的黑黝黝的闷热甬道。甬道天花板很低矮，正常身高的成年人必须低头弯腰才能通过。甬道地面石板光滑又布满碎石，一不小心便有被绊倒的危险。这段旅程感受不佳，但考虑到墓主人并没有邀请外人来访的打算，倒也完全可以理解。

这段甬道长约百米，走到底时已经处于地下 30 米深处。甬道尽头是一个岩石搭出的方形墓室，里面空空荡荡。这个空墓室并不能愚弄古代盗墓者，他们细心地沿着原路返回，在距离入口约 20 米处发现了一处向上的甬道，这段甬道约 36 米长，手脚并用爬出甬道之后会发现眼前豁然开朗，出现一条宽大的坡状走廊，同时在西侧也有一条高 2 米水平向西的甬道。这条命运的分岔路是现代游客的难题，却不会给古代盗墓者造成麻烦——当年宽大的坡状走廊被巨石封闭。

沿着向西的水平方向甬道走 35 米，便是著名的王后墓室。这间石灰石墓室长 5.75 米，宽 5.02 米，天花板由“人”字形石板搭就，最高处距地面 15 米。古埃及人习惯将男人埋葬在平顶墓室中，将女人埋葬在“人”字形墓室中，因此这里被称为王后墓室——但里面空空如也，既没有王后也不见石棺，却有一个位于东方的大洞——这是盗墓者挖出的一条捷径，从洞口爬进去经过一条短通道和坡道便抵达了金字塔中最宽阔的大走廊。倾斜向上总长 47 米的大走廊从天花板到地面距离为3.5米，顶部呈阶梯状，是由巨大的石板垒叠搭建的。两侧墙壁由巨大的石灰石岩块堆砌，打磨得异常光滑毫无坑洼之处。两侧墙壁距离地面0.6米处分别修砌两堵矮墙，矮墙上开凿出一个个作为柱基的长方形竖槽，以此分散两侧墙壁承受的巨大压力。这是通往胡夫真正长眠场所的道路，当年的工人们在大走廊的地面上凿出一个个防滑的凸出横槽，以便于搬运国王棺椁和陪葬器具。

走出大走廊便抵达了真正的国王墓室，这里距地面40米高，整个墓室长10.8米，宽5.2米，高5.8米。

与刚才旅程中的闷热憋闷完全不同，所有进入国王墓室的人都感受到舒爽的凉风，呼吸到宝贵的新鲜空气。在密不透风的密室中哪来的凉风习习呢？答案就是藏在南北墙壁上通往金字塔外的两条通道了，这两条通道是为了方便胡夫的灵魂出入而建的，却无意中为后世的访客带来了空调房般的感受。

国王墓室的地面和四壁都由大理石修砌，打磨得光滑可鉴。在墓室一角有一座失去棺盖的空石棺，除此以外任何雕刻装饰和陪葬品的线索都没有给今天的访问者留下。墓室顶部是由9条各50吨重的石板拼成的平顶天花板，天花板上面则是一间叠一间的五座小屋，每个

胡夫法老静静凝视着来客

小屋只有 1 米左右的高度，它们彼此之间用重约 70 吨的巨大石板间隔开来，最上面的小屋天花板同样搭成“人”字形以分散整个国王墓室和小屋所承受的压力。就在其中一间小屋的墙壁上刻着“胡夫执政第十七年”的文字，为墓主人的身份一锤定音。

关于大金字塔的神话和鬼话经久不息，甚至到了金字塔由外星人建造的地步，这种拍脑袋式的民科推测是对埃及人智慧和汗水的亵渎。

希罗多德宣称自己曾亲自抵达吉萨高地探访大金字塔，并向当地人请教这项奇迹工程的建筑过程。他在《历史》中如此记载：“胡夫国王听从祭司们的建议，使得国民陷于水深火热中。他为了实现自己的私欲强制全埃及的人民工作，更常以十万人每隔三个月交替一次的方式服役。仅仅建设为拖拉石头的道路，就使人民的劳役持续了十年……建造一座金字塔须花费二十年。”

除此之外，他还记载了有关大金字塔建造的方法：“建设金字塔采取了阶梯式建筑方法：先造好阶梯后，再用木制的起重机举起剩余的石头。或许是用与阶梯数量一样的起重机，也或许只用一台易于移动的起重机，总之使石块一一往上移动到预定位置。”

希罗多德的记载距离大金字塔建成之日已过去 2000 多年，所以他也只能道听途说留下无法考证的记录。事实上至今我们仍然不知道金字塔建筑的细节，所以对建筑时间和人力要求一直众说纷纭，就连建筑工人数量都从希罗多德的 10 万人到现代埃及学家的 15000 人不等。

但唯一可以确认的是，埃及人只拥有简陋的测量和施工工具，但他们凭借着无限的人力和无尽的宗教热情，依靠极严密的组织领导体系和充裕的时间来完成这项使命。

根据当时的记载，直接指挥建造大金字塔的是胡夫的维西尔海莫。埃及人深信太阳西沉的尼罗河西岸是死者之国，为避免过于接近尼罗河会遭洪水淹没，以及避免尼罗河过远不便于搬运石头，海莫选择在吉萨高地建造大金字塔。

以目前的考古发现来看，埃及人用来测量的工具是绳子、木棍、铅锤、水平杆和三角板。但他们会充分利用其他辅助手段解决问题：工程师在高地岩盘上凿出网格状水渠后灌水，利用水平方式测定大金字塔的正确平准度。接着再利用星座定位将金字塔的四角指向东西南北四个方位。

建造金字塔所用的石灰岩大都是从尼罗河东岸的图拉采石场采掘而来，内部长廊和房间中所使用的花岗岩采自尼罗河上游的亚斯文等地，国王埋葬间和外层石棺用的是埃勒凡塔附近采来的粉红色花岗岩。

开采石材的时候，默念“挖掘机技术哪家强”是没用的，毕竟“蓝翔”再强也没法穿越时空来帮忙……能帮助埃及工人的只有燧石刀、铜锤子、铜凿子、木楔子和水。

凿石工首先观察寻找石灰石块间的缝隙，然后用凿子加工之后打进木楔子并灌水，之后等待太阳光的热量使木楔子膨胀将岩石崩裂。至于花岗岩就只好用更坚硬的闪长岩石球或石板硬生生砍下来了，所有的石块都需要经过石英石沙子打磨成合适的大小再进行运输。

论起推石头，埃及遍地都是老司机：等待运输的石块先放在木橇上，再推到并排的圆木上以人力加驴子和牛一起用绳子拉到河岸边，一路上泼油进行润滑，一直推到尼罗河上使用兽皮浮袋增加浮力处理

大金字塔入口

守护大金字塔的狮身人面像

的大木筏上。经水路运到工地后，还是用老办法逐步推到吉萨高地。

至于希罗多德提到的所谓起重机，经过现代考古学家的验证，埃及人只会制造简易的木制卸货机，要举起平均 2.5 吨重的石材实在是“臣妾做不到啊”……

按照现代主流的推论设想，埃及人应该是先在金字塔的侧面建造斜坡道，并在斜坡道上埋入圆木以减少阻力，巨石就沿着斜坡道推上基座安放。随着石阶升高斜坡道也相应升高，等到建造至金字塔顶时，再逐渐拆卸斜坡道并填入打磨好的上等白色石灰岩板材装饰金字塔外表面。

与很多人的想象不同，虽然埃及是奴隶制国家，但大金字塔却主要是由自由人建造的。

每当尼罗河进入泛滥季节，农民们由于农田被洪水淹没而无所事事。这个时候，国王会出钱征募他们到各地施工现场做劳工。这些庄稼汉虽然不专业，但是领导他们的是由建筑师、工程师、职业工头、石匠、工匠和书吏组成的专业管理队伍，他们工作整整一个季节，有些人可能会在工地遭遇不幸的死伤（即使是现在的建筑作业场所也无法做到绝对避免这一点），但绝大部分人都能领到报酬返回家乡，为即将到来的播种季节做好准备。

胡夫的儿子哈夫拉在他父亲的金字塔附近建造了一个稍小些的金字塔，这座被称为哈夫拉金字塔的建筑只比大金字塔矮了 320 厘米。

虽然个头稍矮一筹，但哈夫拉金字塔是个金字塔与雕像的复合体，在金字塔面前有一座哈夫拉独特的装饰物：大斯芬克斯，也就是著名的狮身人面像。

狮身人面像是狮子身躯和哈夫拉头部的复合体，它静卧在大墓地入口处，以高 20 米、长 57 米的巨大身躯镇守国王们的百万年之屋。

哈夫拉金字塔是大型金字塔时代最后的辉煌，到胡夫孙子孟考拉的金字塔建立起来时，高度只有爷爷的一半了……

古王国时代的大金塔之风只是昙花一现，因为神王们发现一味追求巨大金字塔的辉煌并不是长久之道，当国力民力陷入枯竭状态时，他们所建的究竟是百万年之屋还是百十年之屋就成为一个值得思考的问题了……

在第四王朝的统治下，埃及为百万年之屋耗尽力量，不过也因此而推动了天文学和建筑学飞速发展。

埃及人是第一个将白昼和夜晚细分成较小时间单位的民族，他们使用阴影时钟来计量时间，例如方尖碑。

早在 5500 余年前，方尖碑就已出现，它们在阳光下移动的影子成为时钟的指针，在方尖碑附近的地面上是根据一年四季白昼长度变化而做出的各种标志，当石碑阴影掠过这些标志时，祭司们就能够进行准确的报时。

在 3500 余年前，埃及还诞生了最原始的手表：他们在一根 35 厘米长的木板中心竖立起一根木棍，木板上的刻度将一个天阳日分成 10 部分，外加黎明和黄昏各两小时来表示早晨和傍晚。使用这种计时器的时候，上午要面东而立，下午则面西而立。通过观察木棍阴影在木板刻度上的指向就可以读出时间。

后来，埃及人又发明了夜间计时器“麦尔凯特”。这是一种观测恒星移动穿越子午线的天文仪器，通过它可以准确区分夜晚的时间。

典型的埃及乡村复原图

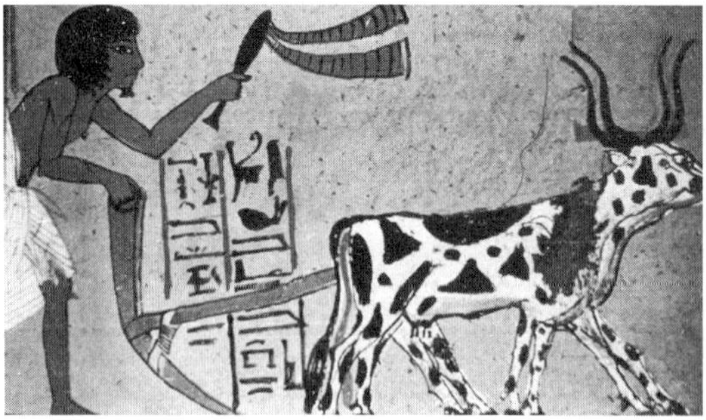

赶牛犁地的农夫

当然，方尖碑和麦尔凯特并不仅仅是计时工具。在埃及，它们的诞生首先是为了沟通神与人，象征着人类与天堂之间的联系。

方尖碑一般以整块的花岗岩雕成细长柱尖顶造型，重达几百吨，成对安放在神庙门口。方尖碑的四面均刻有象形文字，表达了国王以此奉献给太阳神拉或阿蒙，并用以纪念法老在位若干年或其他丰功伟绩。

从第四王朝时期开始就有建造方尖碑的记录，但它们并没能像大金字塔那般保留至今。埃及的方尖碑先后在古罗马时代被征服者陆续运往欧洲，其中首开先河者就是恺撒。后来方尖碑作为来自埃及的体面礼物被大量运往西方，罗马、巴黎、伦敦等地的广场上都有它们的身影。

埃及现存最古老最完整并且真正由埃及人制造的方尖碑是第十二王朝国王辛努塞尔特一世为庆祝自己加冕而建的，它耸立在开罗东北郊原希利奥坡里太阳城神庙遗址前。

除了方尖碑之外，祭司们也为国王与太阳神之间的交流尽心尽力。

哈夫拉之后的国王们注意到拉神的祭司垄断了如此多的知识，他们终于意识到有效利用这些知识能给自己带来富有和强大的回报，而一味沉溺于建造大金字塔并不是明智之举。于是国王们的金字塔逐渐变小，他们逐渐将注意力转移到建造神庙方面。

第五王朝的乌塞尔卡夫国王率先为太阳神建造了一座专属神庙，以此拉近了自己和太阳神的崇拜者之间的距离。此后的国王继续建筑太阳神庙，与之对应的是他们的金字塔简直称得上粗制滥造了：第五王朝时期的金字塔内部由泥砖和碎石填充，仅仅在外层覆盖装饰石板。

当石板被偷走用于其他建筑之后，那些金字塔也随之崩塌了。

盗走以前王朝金字塔建筑材料的有时候正是时任国王自己，自第五王朝开始，国王们对金字塔并不能保护自己的永生已经心知肚明。既然金字塔注定不是百万年之屋，那么就只有靠魔法力量来保护自己了。于是在第五王朝最后一位国王乌那斯的坟墓中，《金字塔铭文》出现了。它包含了上百条咒语，保护国王顺利穿越冥界的危险区域，安全抵达来世。

到了中王国时代，一代雄主孟图霍特普二世在戴尔·埃尔-巴哈尔的城市西部建立起一座神庙与金字塔的综合体建筑作为自己的长眠永生之所。这座建筑从建筑形式和整体规模来说是独一无二的，它打破了古王国时期传统的金字塔建筑模式，成为新王国时期帝陵的灵感来源。

数千年之后，盗墓贼几乎将这座坍塌坟墓中的一切都席卷而去。但在一个瞒过入侵者眼睛的密室之中，考古学家们发现了25组制作精良的模型：宫殿和花园为主人提供舒适的住所；家畜、牧人、村长和税务官聚在一起进行国家牛统计；面包师、酿酒师、纺织工人和木匠正在各自的工坊中忙碌；一些挑水的女孩沿着河流行走；船只为起航做好一切准备；一队御林军时刻警惕地保卫这个小小的微缩世界。

这是伟大的国王预料到自己的木乃伊可能会遭遇不幸，以便自己永生的精灵在陵墓被破坏后，至少可以在魔法的保护下依靠这些模型活下去。

孟图霍特普二世陵墓中的铭文这样描述这位伟大的国王的永生之

路：现在他沦为一个依赖神的善意的人类统治者，他的不朽不再是与生俱来的，它必须通过神的授予……

到了新王国时期，国王们终于承认再严厉的咒语都无法阻止盗墓贼的贪念，而过于显眼的陵墓必然遭贼惦记。于是他们彻底放弃了金字塔，转而将自己的长眠之地埋藏深谷，这就开始了“帝王谷”的传奇。

帝王谷是位于开罗以南700千米处，离底比斯遗址不远处的一片石灰岩峡谷。几个世纪以来，新王国的国王们就在尼罗河西岸的这些峭壁上开凿墓室。

后世的学者认为是图特摩斯一世有感于所有躺在金字塔中的国王都被盗墓者洗劫一空的残酷事实，所以决定把自己的陵墓同殡葬礼堂分开，所以在底比斯山西麓隐蔽的断崖岩壁上开凿隧道作为墓穴。

从此以后的500余年间，埃及的国王们就不断地在这个山谷里构筑自己的岩穴陵墓。后来古希腊人看到那通往墓室的长长的隧道，觉得很像牧童吹的长笛，就把这种岩穴陵墓叫作“笛穴”。

这里是一处雄伟的王室墓葬群，一共有60多座帝王陵墓，埋葬着埃及第十七王朝到第二十王朝期间的64位国王，其中有图特摩斯三世、伊蒙霍特普二世、塞提一世、拉美西斯二世等最著名的国王。

帝王谷分为东谷和西谷，大多数重要的陵墓位于东谷。墓穴入口往往开在半山腰，有细小通道通向墓穴深处，通道两壁的图案和象形文字至今仍十分清晰。

按照古老的传统，帝王谷也有被宠幸的贵族和国王家人的陵墓，他们受邀请与神之子共享永生。

在帝王谷中的国王墓穴位置彼此靠近，目的是为了便于集中守护，这恰恰给盗墓贼提供了方便。

例如曾修缮吉萨的狮身人面像，并在巨像两个爪子之间留下记梦碑的图特摩斯四世。这位王子自称梦见荷鲁斯神托梦给他，预示他将取得王位。但有着荷鲁斯神眷顾的他，下葬后 10 年左右陵墓就被盗墓贼洗劫一空了。那些猖狂的盗墓贼还在墓室墙上写上得意的留言——你别说，还是知识分子干的……

事实上埃及人盗墓的历史与他们建造金字塔一样久远，甚至更为久远。埃及人代代口耳相传：神庙中藏有财宝，坟墓里有丰富的陪葬品。

拉美西斯九世时期的一份文献中记录了 3000 余年前的一次盗墓贼审判，整个事件的经过和侦破与现代的盗墓罪行侦破几乎一模一样。

底比斯城西岸发生了大规模盗墓活动，底比斯政府任命来自努比亚的沙漠巡逻队“麦德查”来彻查所有的王室陵墓，结果这些古代侦探们汇报如下：“太阳神之子塞贝克姆萨夫的金字塔陵墓被盗贼闯入！窃贼挖了一条隧道，从图特摩斯三世的谷仓视察员纳巴穆恩坟墓的外厅直挖过来。国王的墓室里不见了遗体，王后努布卡斯的墓室也一样。”

底比斯的官员指控了一批犯罪嫌疑人，其中包括一大群墓地管理处的工人和小职员。他们被逮捕并带上法庭，法官警告他们要发誓说真话，否则就“被割掉鼻子和耳朵，或者处死”。

结果这帮犯罪嫌疑人中果然有人率先招认：

“我们打开了棺材，揭去了覆盖，看到这位国王那庄严的木乃伊颈部戴着一串金制的护身符和许多饰物，脸上戴着金面罩。这位国王庄严的木乃伊通身盖着黄金。覆盖物里外都是金银编制的，并且镶嵌着各种宝石。我们剥下这尊神圣庄严的木乃伊身上的金衣，取下他颈上的金护身符和饰物，揭走覆盖的金被。我们还找到了国王的妻子，并把她的木乃伊身上的东西照样剥光。我们还找到了殉葬的金瓶、银瓶和铜瓶，也统统偷走。我们把从这两位神圣木乃伊身上取到的护身符、饰物、覆盖和一切都分成了8份。”

8个窃贼中有5个人的姓名存留至今，他们是石匠阿比、技工伊拉门、农民阿门农海布、运水工卡姆维斯和黑奴坦内菲尔。

上述8人审判结果是“他们的案子和判决都正式记录下来呈送国王”，这预示着可怕的结局，因为只有国王能宣判死刑。

拉美西斯九世时期记载这类案件的莎草纸都长达数米，保存至今的还只是一小部分而已，可见盗墓的行为有多普遍了。

在500多年间，帝王谷中的绝大多数墓室都遭到了洗劫，逼得后来的国王们不得不一次又一次地将祖先改葬。到最后再也找不到合适地方，只好将老祖宗们像堆柴火一般堆在一处——1881年，仅在一个秘密洞穴中就发现了40多具国王木乃伊。

埃及文明覆灭之后，在波斯帝国、罗马和拜占庭皇帝治下，盗墓行为更加光明正大地继续进行。这些皇帝劫走了许多纪念碑、方尖碑、斯芬克斯人面兽身像和各种雕像，拿来装饰首都和御花园。

后来，科普特人把神庙改成教堂，修道士占领了石墓，毁损了浮雕和绘画，拿走了其中异教文物。

阿拉伯人征服埃及之后，埃及的盗墓者日渐增多。到14世纪时已被视作一种专业工匠，成为正当行业。在16世纪以前，埃及出现了一本以阿拉伯文撰写的巫术书《藏珠之书：藏宝挖掘指南》。此书详列了各个宝物埋藏地点，细说各种瞒骗宝物守护神的巧妙巫术，以便把宝物据为己有。

开罗博物馆馆长在 1900 年时说："战争和漫长的岁月所毁掉的文物，也比不上这一本书的罪过。"

此外，早在古罗马时代，帝王谷便已成为旅游景点。

公元前后，古希腊历史学家狄奥多罗斯和古罗马地理学家斯特拉波都曾到访埃及，他们记载了山谷中的底比斯王室墓葬。公元 2 世纪时，罗马帝国的地理学家帕萨尼亚斯旅行至此，并记录下帝王谷陵墓管状的通道。

除了这些大家学者之外，漫长历史时期中其他冒险家和旅行者也陆续来到帝王谷中猎奇。在 19 世纪之前，由埃及前往底比斯之旅交通困难，不仅费时而且费钱。所以凡是费尽辛苦抵达这里的游客总要大笔一挥雁过留声：某某某到此一游。

帝王谷那些已被盗掘的墓葬中，充斥着古代旅游者留下的涂鸦。其中来自古希腊和古罗马的有大约 2100 处，此外还有如腓尼基文、塞浦路斯文、吕基亚文、科普特语等，构成一个环地中海的古代各国游客不文明行为大展板，其中最早的涂鸦可追溯至公元前 278 年——它们本身也构成了古迹的一部分。

还有一些不怕花钱的游客，会让向导找人来打开一座埃及贵族石墓，买上一具写满象形文字的硬木板棺材，不过其中很多已经是赝品了。

1799 年，跟随拿破仑远征埃及维万·德农男爵勘探并绘制了帝王谷陵墓的地图及平面图。

到了 19 世纪初期，商博良对埃及象形文字的翻译，推动了欧洲人在当时对底比斯附近地区的研究。

1829 年法国远征塔斯卡尼的时候，商博良本人也抵达帝王谷进行了持续两个月的考古探索。

直到今天，帝王谷依旧向各国好奇的游客敞开怀抱。

## 衣冠埃及

调色板、化妆瓶、线条优美精致镶嵌的座椅桌子和梳妆台，一位慵懒的贵妇对着镜子勾勒眼影的轮廓。她穿着细亚麻布的长裙，戴着造型繁复的假发，镜中的她妆容浓厚典雅美丽。

近乎赤裸的侍女们捧着衣物和珠宝静静环立左右，一个年纪幼小的小女奴捧着漂亮精致的凉鞋小跑着赶来。贴身侍女正俯下身子在女主人耳边出谋划策——今天的宴会上您一定会艳压群芳！

走出舒适的房屋，埃及人就暴露在强烈的日光之下。

从公元前 5000 年开始，撒哈拉沙漠就开始用干燥灼热的沙尘暴将埃及变成炎热干燥之地，所以生活在这里的居民服装具有热带地区的特点。

我们从壁画雕塑上得到的第一印象就是古埃及人都穿裙子，男人上身赤裸，女人穿无袖长衫。不过作为拥有几千年文明史的伟大民族，在服装上不可能就如此简单。就像埃及的历史一样，他们的服饰文化也经历了漫长的发展和变化。

不论是男是女，是国王还是奴隶，古埃及人的衣服基本都是亚麻

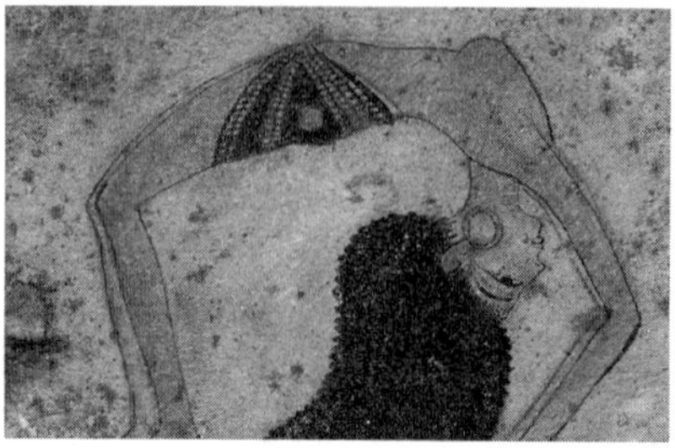

穿着舞蹈用短裙正在做出高难度动作的舞女

制成的，亚麻纺织品是埃及重要的出口物资。

在前王朝时期，妇女们已经懂得使用木纺锤把筐子里的亚麻纤维纺织成纱线，并且熟练掌握了使用横线织布机编织亚麻布的技术。每个村落中都有纺织机工作的声响，女人们坐在地上推动织布机往复运转。第一中间期的希克索斯人带来了亚洲的垂线织布机技术，更促进了埃及纺织业的发展。中王国时期更先进的卧式织布机出现了，男人们也加入纺织工人的行列。到了新王国时期，出现了可以织出彩色图案的立式织布机。

除了亚麻布，优质毛皮也是古埃及服饰的面料之一，我们在前面提过兽皮象征着身份和地位，以祭司举行宗教仪式时穿得较多。

到了后期埃及，外来的服装材质影响到埃及人。在托勒密时代出现了来自中国的丝绸、棉布和一些羊毛服装。丝绸是上层阶级的猎奇时装面料，棉布被广泛接受，而羊毛这种“不洁净”材料制成的衣服则是穷棒子们穿的不入流玩意。

僧侣和贵族们穿着用纸草或者棕榈叶做的拖鞋或者皮拖鞋，平民大都赤脚行走。在这个风大灰尘多的国度，衣服自然容易变脏。看似穿着简单的埃及人换洗衣服却很勤快，贵族之家的女眷一天内就会换洗好几次，以至于希罗多德感慨道：“他们穿着亚麻布做的衣服——而且总是新洗的！”

对于那些贫穷的人而言，新三年旧三年，缝缝补补又三年是生活的常态。很多出土的古埃及服装上都有缝缝补补的痕迹，此外还发现了洗衣工记录送洗衣服的清单，一些衣服上也带着洗衣店的标志。有钱人家会专门雇用洗衣男仆人，但平民还是得自己洗或是送洗衣店处理。

史前埃及乃至古王国时期的墓葬保存状况都不大好，所以衣物留存下来的也很少。在那个时期埃及几乎终年炎热，所以人们尽可能少地穿衣服。

男子大多穿平纹亚麻布制成的缠腰布或者说是短围裙，短围裙的两头系在一起。在大名鼎鼎的那尔迈调色板中，英雄王那尔迈正是如此打扮，这种打扮也成为古埃及数千年历史中最经典的男子扮相。

不过调色板中没表现出来的细节是那尔迈的短围裙内有乾坤：埃及男性下身还有专门保护和存放阴茎的护套。第十八王朝的开国君主雅赫摩斯在自己的墓室铭文中这样说道：“我代替的父亲在军中做长官时还很年轻，没有结婚，所以夜间我只能和我护套里的阴茎共同度过。”

对于生活在底层社会的农民来说，他们在田地劳作时仅穿一片三角布；对于采石苦力、石匠和雕刻工人来说，他们仅在赤裸身上系一条悬挂工具的皮带；对于船工、水手、芦苇采集者、渔民们来说，他们有时候干脆什么也不穿。

女人最典型的服装是被称为“努格白”的长裙，比起男子短围裙而言，它的款式和纹样富有多样性。努格白是一种式样简单且紧身的服装，长裙从胸下一直到脚后跟，上端有吊带固定，胸下方用一根布带子扎住。穿上这种努格白长裙后，双肩、双臂和胸部都裸露在外，当然吊带够宽的话还是可以做到把胸部遮住——你也可以将它理解为是一种质地平滑、肩上带有宽大背带的紧身白色长袍。

对于在主人家工作的女用人而言，穿着努格白并不便于工作，她们一般穿着裸露上身的短裙。而奴隶一般穿着被称为“里嘎丘阿”或绳衣的最原始服装——就是赤身裸体只在腰间系一根绳子。至于舞女和杂技演员则穿着更方便肢体运动的短裙，这种短裙通常用过胸的带子连接。

在喜庆或者节日时刻，贵族妇女们会在衣物上装饰着不少红、蓝、绿色的彩釉念珠，但大家的服装颜色依旧以白色为主，彩色衣服被认为是外国人的象征，埃及人中只有王室成员或祭司会尝试这种染色的服装。

到中王国时期，埃及权贵们下身的短裙逐渐变长达到脚踝。他们的上身也逐渐出现了从短袖发展到长袖的外衣，最后出现了一直到脚后跟的长袍。

女人们仍穿努格白，它已发展为有袖和无袖两种，胸下腰带也时有时无。此外，能遮挡胸部的披肩开始流行。在清凉的早晨和傍晚，埃及的女人们穿着这种低领的长袖长袍散步休闲。

新王国时期的埃及控制了近东的广阔区域，亚洲风尚强烈影响到埃及人的衣着，上流社会开始流行叙利亚产的近似透明的特殊亚麻布

埃及的神灵穿着华美透明的王室亚麻布衣料服装

服装，男子服装出现反串混搭风：十八王朝的阿蒙霍泰普一世雕像身披两件努格白，一件从肩到脚，另一件从胸到小腿，另外他还披了一块披肩。

新王国时期的平民男子仍穿着传统短裙，但衬衣和长袍也已常见。阿蒙霍泰普一世的装扮在民间也有很多追随者，上层阶级的男子常常穿两件努格白抛头露面，里面的短，外面的长。大家还会炫耀自己带有多层皱褶的短裙，或是缀满装饰品或刺绣的长袍。

在新王国时期的妇女服饰不再千篇一律，壁画上王室妇女身上穿着袖子短而宽的刺绣透明外衣，以显露出她们傲人的身材——其实这不算埃及文化独有的特色，长沙马王堆辛追墓中一样有汉代透明的贵族女装，号称穿六层还能看清身上的痣。当埃及王室贵族纷纷裹上“王室亚麻布”时，民间女子也开始在衣裙上刺绣，并配以五颜六色的披肩和披风装饰。

在埃赫那吞的王后涅菲尔提提陵墓中的彩画上，这位埃及美人穿着轻薄透明的白色努格白，她在胸下系着一根长长的彩带，彩带打结后的两端一直垂到膝下。王后的披肩为蝙蝠翅膀形状，用金线织成，上面饰有各种美丽的珠宝。女王身边的伊西丝女神也身穿有两根吊带的努格白。

新王国时期最有特点的女装是带有强烈印度风的“纱丽”，它与埃及传统服装截然不同，时尚的女人们将一条五米长半米宽的长布条按照自己喜欢的方式随意裹在身上，它穿脱方便又能凸显身材。

在埃及人人都佩戴首饰，不管是活着还是死去，首饰始终伴随着他们——甚至连受到崇拜的神圣动物也同样佩戴着首饰。

古埃及人认为鬼魂和恶魔会带来疾病，所以使用巫术来抵抗它们，并佩戴护身符来对抗邪恶。

早期埃及时只有国王能使用和佩戴金质饰物，因为黄金是“太阳之体”，代表着神圣永恒，后来才逐渐允许祭司和贵族阶层佩戴金质饰物；贵族的首饰多用金银和半宝石制成，半宝石是介于宝石和石头之间的各种色彩斑斓的矿石，如绿长石、绿松石、孔雀石、石榴石、玉髓、青金石等；平民的首饰一般用釉陶珠子制成，工匠们将碱性釉料涂在石英砂胎或石子上烧制成亮晶晶的首饰；就算是最穷苦的奴隶和农民的孩子，也至少拥有陶器戒指和骨质护身符，在这些粗糙的首饰上刻着贝斯神的肖像，这几乎是可怜的父母能给予孩子的唯一保护了……

古埃及首饰的种类主要有项链、项圈、耳环、头冠、手镯、手链、指环、腰带、护身符及坠子等，它们制作精美装饰复杂，复杂的配色蕴含着浓重的神话象征意义：金色是太阳神的颜色，象征着生命的源泉，代表神的肉体和永恒不灭；银色代表黎明的太阳、月亮、星星；天青石代表保护世人的深蓝色夜空；绿松石、孔雀石和沙漠长石象征尼罗河带来的生命之水；墨绿色碧玉代表再生的力量；红色碧玉则象征着生命。

除了颜色之外，形状也非常重要。埃及的护身符被制成圣甲虫、生命符号安克、神圣动物、男女神灵、王冠和荷鲁斯之眼等形状，埃及人相信依靠它们的魔法力量可以让自己吸收好运气，并驱逐一切厄运、危险的事故、饥渴、毒蛇和恶魔。

对于埃及人而言，整洁的外貌和清洁的身体，以及认真梳理的发型都代表着一个人的礼仪和气质。

在后期埃及的一个脸盆上刻着这样一段话："当你洗脸的时候，愿你拥有了健康，并使你身心愉悦。"每天醒来时，埃及人会用含少量泡碱的清水漱口，然后清洁自己的面孔——埃及人从很早开始就使用肥皂，这种简单实用的洁肤产品从古代埃及一直延续到现在，其基本化学结构一直没有发生大的变化。

今天的法国香水举世闻名，在公元前"埃及人"这个词本身就是香水的代名词。埃及出产的香水以能在皮肤上长时间持续芬芳而出名，罗马人也购买这种香水，传说奢侈的埃及艳后克娄巴特拉使用 15 种不同气味的香水来洗澡。

古埃及时代的贵族宴会上，上层阶级的客人会在头上放置一坨一坨的特殊物品——千万别想到神圣鳄鱼粪之类的歪门邪道上去，人家放的是锤形的香料油膏，油膏融化在头发上会散发出清凉的芬芳。

而就算是一般劳动者也使用香脂除臭剂来除去体臭，这些香脂以香料和动植物油脂制成，涂在皮肤上可以保持湿润、柔软和光滑。国王在支付工人报酬时，会将香脂和谷物都算成工资的一部分。

令无数盗墓者觊觎的心脏圣甲虫

在乡村地区，贫苦的农民们将豆角研碎擦到皮肤上来去除体臭。

不光是埃及人身上香气扑鼻，在埃及人的住宅中往往也飘荡着香油的味道。在埃德弗和菲莱岛的神庙墙壁上，祭司们郑重其事地刻着以葡萄干、葡萄酒和芬芳的草药中脱油脱脂提炼成香油的配方，神灵的居所正是依靠它们来清洁空气维持芬芳。

在炎热干燥、尘土飞扬、蚊虫肆虐、寄生虫泛滥的古代埃及，留长发实在不是一个理性的选择。埃及人不分男女都习惯剃很短的平头，包括漂亮的涅菲尔提提也是如此。

当然这种发型肯定影响美观，所以很多人会戴假发，在一些壁画中可以发现埃及人假发之下短短的真头发。贵族出门一般都要戴上假发，特别是国王在正式场合里除了假发之外还要戴假的山羊胡须。哪怕是哈特谢普苏特女王这样的巾帼豪杰，在加冕仪式上也一样要身穿男装戴假胡须手执权杖。

比较例外的是，有些舞女留着垂在后肩的长马尾辫，有时候末端做成圆锥或球状。这也可以理解，戴着假发做剧烈舞蹈动作时难免会甩出去造成尴尬。

与世界其他地方一样，埃及上档次的假发都是用真人头发做的，较低档的也有人发与植物纤维混合，并用蜂蜡定型制成的。在第十一王朝孟图霍特普神庙中的假发作坊遗址中曾发现一个亚麻布口袋，里面有四个装着真人头发原料的雪花石膏瓶，此外还有一个纸草做的容器，里面放着五个骨拴、一把铜钻和两个刀片。最大的发现是一颗人头模型，上面以黑线标出了假发应该达到的大致长短和轮廓。除此以外，还发现了疑似染发剂的棕色粉末。

埃及人的假发分长短两种款式，短的一般到盖住耳朵的位置，长的一部分披在后背，一部分垂在胸前。在早期只有王室贵族女性才可以戴长的假发，后来平民女性只要买得起也一样可以戴了。

中王国时期最时髦的假发发式效仿哈托尔女神，女人们将头发梳成末端卷曲的两部分，一半梳在耳后一半垂在胸前。新王国时期的假发变得又长又厚，但在第十八王朝末期由于受到涅菲尔提提的影响，短而卷曲的努比亚式假发开始流行。

上层社会的女人们对各种样式的假发都感兴趣，她们将各种式样的假发放在抽屉里，根据需要选择佩戴。她们戴着精心梳理的假发出现在宴会上，出现在宗教仪式上，出现在一切庄重场合。这不仅是为了美观，更能避免烈日暴晒、防止中暑——贵族女性的假发就是她们的遮阳伞。而对于底层的农民夫妇而言，在农田里耕田的时候也会佩戴廉价的假发遮阳，或者顶上更便宜的亚麻头巾。

爱美之心，人皆有之；爱美之举，埃及翻倍。

埃及人孜孜不倦地追求梳妆打扮的最优效果，追求美的队列中不分男女老幼。前面已经提过埃及人不分身份高低男女之别统统化妆，特别是在随葬的画像因为拥有当作死者在来世的替身之功能，因此不论男女都穿着自己最华丽的衣服，戴着最精致的假发，描绘着最美的妆容——因为那是埃及人希望自己在永生之地能够呈现出的模样。

在后续章节我们会介绍到埃及人不光在遗像中浓妆艳抹，他们的木乃伊也一样需要美颜处理。至于日常生活中，埃及人也毫不犹豫地让各种颜料香粉“扑面而来”修饰自己的脸。

在公元前 3700 年左右的巴达里文化时代，埃及先民就开始运用天然矿物质进行化妆。考古学家发现过无数埃及的史前化妆调色板，这些调色板是石质的，有些呈椭圆形，有些做成各种神圣动物的形状。这些调色板的表面上还残留着当年在油脂中调和色素的痕迹，所以让我们可以很明确地分析出埃及人的美容秘方。

古埃及时代最常用的化妆品是画眼影和眼线的眼影粉，埃及女性在史前时期就普遍画眼睑来美容了。埃及人使用的“烟熏妆”颜料主要有绿和黑两种：从史前到第四王朝时期，来自西奈半岛的绿色孔雀石为埃及人带来了化妆用的绿颜料“乌玖”；第四王朝之后绿色不再流行，来自西亚贝都因部落和蓬特的方铅矿石带来了黑颜料“麦斯戴迈特”。

在埃及历史上麦斯戴迈特经久不衰，埃及的坟墓中经常会发现装在袋子里的方铅矿石随葬品。在古王国时期这些颜料与给死者用的七种圣油一起被文献提及，可见其代表的神圣意义。

当时间发展到第十八王朝时期，古埃及的化妆用具、装饰品和化妆术已经大行天下，哪怕是最贫困的家庭中也能见到它们的痕迹：埃及人用红褐土和油脂混合起来做成唇膏，他们还发明了眼线笔，用来将油性的乌玖和麦斯戴迈特勾勒在眼圈和睫毛处，让眼睛显得又大又亮。

对于现代女性而言，每天起床后饭可以不吃水可以不喝，但用洗面奶洗脸后对镜梳妆打扮绝不能少。梳好头发以后再涂些化妆品、喷上香水之后，每天必做的“功课”才算完成，就此可以出门上班了——这种习惯早在5000年前就已经是古埃及女性的每日的必修课了。

在阳光驱走黑暗的同时，埃及女子已经早早端坐在镜子之前开始化妆。埃及的镜子出现在古王国时期，工匠们将铜盘和银盘抛光做成单面或双面金属镜面，木质或骨质把手的梳妆镜。

对着镜子中的自己，女人们细心地使用眼线笔和眼影来提升面部轮廓的清晰度，通过重新勾勒的眼线、眉毛和深色带亮光的眼影，重新为自己定位出神秘、性感和高贵的格调。她们用红色赭石粉末来涂抹脖子，用染成黄褐色的乳脂来涂脸和手臂，这些化妆品改变了皮肤颜色，提升主人的艳丽气质——其实这就是现代粉底的雏形。

当房屋的女主人细心装扮自己的时候，房屋的男主人也起床开始刮胡子。史前时期之后，埃及男子开始养成了刮胡子的卫生习惯。最原始的刮胡刀是由装在木柄上的锋利燧石片构成，从中王国时开始出现用青铜做的梯形刮胡刀。于是除非是在必须蓄须的哀悼或者服丧期，埃及男人总是有趁手工具把下巴弄得干干净净。

刮胡子可以靠自己，理发就必须请理发师傅代劳了。

埃及的理发师游走于城乡之间，他走进一个村落后在无花果树下招揽生意，要理发的农民们自己带着凳子在树荫下排队理发，理发师给一位顾客打理完面部之后，在面前的水盆里清洗自己的刮胡刀——这是一间埃及墓室壁画中描绘的场景。

除了专业理发师之外，古埃及还存在美甲师这一职业，他们使用剪刀、锉子和磨具等专业修剪工具。国王后宫中的女性很喜欢打理指甲后涂抹指甲油来美甲，平民也在美甲师那里修剪指甲。

在第六王朝时期的一座萨卡拉墓室中描绘了埃及人修剪手脚指甲的场景：一名美甲师修剪一位顾客的右手指甲，另一幅场景中这位美甲师则修剪着客人左脚指甲，旁边还有旁白：“不要伤了我的指甲。”——似乎这位美甲师因技艺不精遭到了顾客抱怨。在其他地点发现的残存壁画上描绘着一位顾客同时将两只手伸给两个美甲师修剪，而其中一位美甲师口舌如簧说道：“亲爱的朋友，我一定会修剪得让你感觉舒适——我看您的指甲平时保养得不大好哈，虽然男人要干活养家，可我们也一样要保养自己的指甲呢。我们店正好有一款VIP卡特别适合您，包年做指甲损伤修复上色涂油打对折，全套护理一应俱全哦……”

虽然上述对白中大部分纯属脑补，不过在木乃伊的情况来看，上层社会人士基本都有美甲师对手脚指甲进行过精细修剪。

古代埃及人人爱美，其中最爱美的是居住在大房子里的法老。

在数量庞大的王室官员当中，直接负责为国王化妆的就有二十多位。这些官员各自负责的领域无微不至地覆盖了拉神之子身躯从头到脚的每一寸地方：理发师专门负责理发、修面；美甲师专门负责指甲的修理与美化；美容师专门负责为法老喷香水、涂眼影、抹香脂等；甚至还有负责为国王穿鞋的专业人员。这些王室官员的墓志铭上骄傲地记载着自己的官职信息：“化妆箱管理员”“化妆眉笔管理员”，并且都自称是国王的朋友。

上行下效，权贵们的生活也一样穷奢极欲。除了刚才已经介绍过的美容措施之外，大富大贵人家在视觉享受上也有很高的追求。在贵族饮宴之际，华丽的厅堂之内都有美女奏乐并歌舞相伴，这些美女通常只穿着绳衣保持裸体，在一旁服侍的女奴也是如此打扮。

权贵奢侈的私人生活主导了埃及社会审美的风向标，而时代和环境的变迁则促进了埃及衣冠的不断演变，时尚的流转贯穿了整个古埃及文明史。

## 舌尖上的埃及

在遥远的第一中间期时代，下埃及的太阳城赫利奥坡利斯附近的小镇上来了一个住在沙漠边缘的农夫胡恩因普。这位农夫赶着他的驴子，驴子上驮着重重的货物——这是一些沙漠地带的特产，农夫正要用它们去交换三角洲地区的粮食。

偏偏这个小镇上有个无耻的官吏奈姆提纳克特，这个贪官欺负外地人，找借口没收了胡恩因普的货物和驴子，还用枝条痛殴抗议的农夫。

胡恩因普见全家赖以生存的物资都被抢走，大哭一场后决定到城里告状，于是他找到地方长官廉西告状。尽管这位口舌伶俐的农夫先后九次申辩抗争，廉西却始终置之不理，胡恩因普绝望地宣布要自杀："瞧啊！我向您恳求，但是您却不愿倾听。现在，我将离开并向阿努比斯陈情申冤！"

眼看事情可能会落到阿努比斯神手上，考虑到时候要面临玛阿特审判的现实问题，廉西赶紧派人将胡恩因普召回，并在禀告国王后将奈姆提纳克特的全部财产判赔给了农夫。

这就是创作于中王国第十二王朝时期的《一个能言善辩的农夫》故事，在这个故事中廉西安慰胡恩因普说："不要害怕，农夫。瞧啊！你将在我身边做事。"而胡恩因普在郑重发誓之后反问道："在我的生命里，我将永远吃您的面包，喝您的啤酒？"

这段对话可能令今天的人感到费解：一般情况下不应该是音乐和啤酒，或者炸鸡配啤酒吗？请问古埃及人就着面包喝啤酒是种什么样的体验？

我们可以理直气壮地与别人分享这个埃及人自己编出来的故事，因为埃及人的主食的确就是面包和啤酒，无论他的身份是国王还是农夫。

一般认为面包制作技术是由埃及人在近6000年前发明的，据说一个负责做饼的奴隶，在将面团放进炉子前就睡着了，结果生面饼开始发酵膨大。等到奴隶一觉醒来后，赶紧将发酵的面饼塞回炉子里去继续烘烤，希望能糊弄过去，没想到就此烤制出了口感松软的面包。

早在史前埃及时代，男人们用石锤在石臼中碾碎两粒小麦和斯佩尔特小麦，接着由女人们将碎块放进鞍状手推磨中磨成面粉。这种小型石磨有几分类似中国人磨碎中药的传统工具药碾，埃及妇女跪在厨房的地面上用后背和膝盖发力来完成这项艰苦的工作，然后将发酵过的生面团搓成圆底尖顶的圆锥形状。

早期埃及人将生面团直接放在火上烤，后来出现了放在三脚架上的石板这种最原始的烤架。古王国时代埃及人用需要先在火上预热后擦上油脂的陶模烤面包，中王国时则出现了锥形的面包烤炉，炉子下部生火，上部是一个开口的面包箱，当烤炉加热到了适当火候，就可以将生面团放到面包箱里面的壁架上进行烘烤，烤制出来的就是大饼或面包了。

古埃及有很多浮雕和壁画都描绘了上述从磨制面粉到面包出炉的全过程，但这些艺术品不会告诉你这些面粉中混杂着石磨上脱落的沙砾……通过分析古墓中存留下来的古埃及面包样品，发现沙砾等有害杂质平均含量居然高达百分之五！可想古埃及的面包吃起来就像用砂轮打磨牙齿一样，埃及木乃伊几乎都有或多或少的牙齿磨损问题，就连国王也一样受到牙病的折磨。

当然贵族们可以吃白面包这种奢侈品，所以牙齿磨损的情况还轻一些。至于农民和奴隶只能食用以裸麦为主制作的黑面包，那种粗粝滋味就可想而知了。

当然，古埃及的面包并不是只有白面包和黑面包两样。古埃及的面包师最初用酸面团发酵，后来改进为使用经过培养的酵母。在数千年的时间里，他们一代代传承出了花样百出的面包品种。

在古王国和中王国时期的埃及面包有 20 多种，壁画浮雕上常见的圆锥形面包通常用来献给死者，活人吃的面包通常就是蒸或烤出来的发酵薄饼。贵族们吃的面包中会塞进蜂蜜、蔬菜和水果做馅料，外表还覆盖着很厚一层鹰嘴豆、小扁豆或蚕豆，以使面包更加美味。

到了新王国时期，面包已经发展到 50 多种，形状也更加生动灵活，各种长形、圆形面包层出不穷。在制作宗教节日上献祭的面包时，灵巧的面包师还将面团捏成各种动物和人的形状。

磨面粉的埃及女人塑像

正做面包的面包师塑像

大约在公元前 13 世纪，摩西带领希伯来人走出埃及的同时，也将面包制作技术一并带了出来。至今在犹太人的“逾越节”时，仍制作一种叫作“马佐”的饼状面包，以纪念犹太人从埃及出走。

不过话说回来，古埃及时代的面包到底是什么滋味呢？

以色列的马佐经历数千年变迁早已不是正宗埃及风味，而历史学家也没有勇气去品尝古墓中出土的变质古面包。最后解决这个问题的是美国考古学家马克·雷纳博士，他在率领自己的团队发掘吉萨大金字塔附近的古村落遗址时，从砂砾之下挖出了一个 4500 年前的完整面包作坊！

美国人看着眼前完整的面包作坊，脑子里产生了一个大胆的想法：就地利用现成的锅碗瓢盆和烤炉，搬来面粉和水外加干牛粪，烤出一批古埃及复刻版的面包来！

当然，美国佬也就是想想而已，现在不是 19 世纪，随行监督的埃及文物部门不会让他们的疯狂想法有一丝一毫落地的可能性。

不过雷纳博士并没有就此放弃，他和助手们仔细测量了古面包房的数据后，复制出了一个翻版的面包作坊：约 6 米长、2.5 米宽，在一侧墙边有一道浅沟，沟里挖着一个个小坑，用来摆放盛生面团的钟形盆子。

埃及当地陶工按照古代面包盆复制出了一模一样的陶盆，它的盆口周长约 36 厘米，同样也有 36 厘米深。按照埃及壁画中的描述，这样的面包盆需要同时使用两个，其中一个放入生面团，再将另一个预热过的面包盆扣在上面，形成一个封闭的面包烤箱。

雷纳博士找来了与古代品种类似的两粒小麦面粉，并在自己所住旅馆的阳台上用面粉和水培养出了当地的酵母菌。当盛放着发酵的生面团的陶盆烤箱被放入燃烧的木炭（他们没用更符合传统的干牛粪）当中，90 分钟之后终于到了见证奇迹的时刻——一个个圆锥形的黄褐色面包就像从古埃及壁画中跳出来一样，散发着刚出炉的热气和香味，呈现在激动不已的美国佬眼前。

毫无疑问，他们吃掉了这些面包，并且自我吹嘘口味不亚于旅馆楼下面包店的任何一款现代化埃及面包。

那么吃完之后他们是否出现了食物中毒呢?

直到今天，雷纳博士仍然活跃在埃及考古第一线，那么这个问题的答案也就不言而喻了……

好了，面包说清楚了，现在我们来谈谈古埃及的啤酒。

在古埃及，就算在最卑微的农民之家，也有自己酿酒的地方。啤酒和面包是同根生的兄弟：做面包的生面团也用来酿造啤酒。

古希腊人认为埃及人用大麦酿造啤酒，他们记载，埃及人将浸泡过的大麦堆积在平整的石板上使其发芽，几天后让太阳晒干或用柴草烘干后将其捣成粉末，接着这些麦粉被放入大木桶中加温水，然后男人和女人们跳进木桶用脚将其踏成面团。

等到空气中的酵母菌使面团发酵膨胀后，埃及人将它捏成面包形状略加烘烤，使淀粉胶结蛋白质凝固。然后再捣碎这些面团并掺入热水混合，用筛子或无花果叶过滤出麦芽汁。这些麦芽汁被倒入陶罐中再进行发酵后，就成为浓厚的无泡啤酒了——显然这种啤酒与我们中国人所习惯的拉格啤酒大为不同。

现代考古学通过对古埃及啤酒罐中残留有机物进行分析后，发现古希腊人的记载有所偏颇。倒不是说他们所谓的埃及大麦啤酒并不存在，而是埃及人酿造啤酒时更多选择用小麦。

现代考证出的埃及小麦啤酒酿造工艺如下：小麦用来酿造啤酒前通常会在水中浸泡一天后碾碎晒干，接着再次浸泡后放在大缸中加入一些发酵粉任其发酵。当时机成熟后，用筛子或者亚麻布过滤出麦芽汁，这些过滤后的麦芽汁继续发酵之后就成为啤酒。

除了小麦之外，壁画显示埃及那些放得过久不适于食用的面包也被用来酿造啤酒。埃及人将这些面包在水中捣碎后加热，再放到温热的地方进行发酵并过滤出啤酒。

与埃及的数十种面包一样，在医学纸草文献中曾提及了17种啤酒，但今天的人们无法弄清楚这些啤酒的准确名字。

不过至少我们知道这些啤酒端上餐桌前的最后工序：埃及人一般不喝原味的啤酒，啤酒在发酵的最后阶段往往会加入香料、蜂蜜、大枣、曼德拉草等调味品，这些调味品不仅使啤酒更加芳香，而且通过提高含糖量来加速发酵。在倒入陶罐饮用之前，这些酿好的啤酒会进行最后一次过滤，将调味剂残渣和其他杂质排除在外，只留下清亮浓厚的甜味啤酒。

饮酒是古埃及时代的流行时尚，也是被医生提倡的健康养生方法。一份撰写于公元前1800年的医学文献中记载了700多种处方，在其中七分之一的处方中都有啤酒作为药物出现，真不知道作者是不是一边坐在啤酒屋中痛饮一边在纸草上奋笔疾书的。

啤酒屋是古埃及的酒吧，人们结束一天的劳作后，与朋友聚在啤酒屋中，用麦管制成的吸管从陶罐中饮酒，或者将啤酒倒入杯中痛饮来解乏。埃及的啤酒口感清淡不易醉人又营养丰富，所以被人们视为液体食物，修建吉萨金字塔的工人们每天会饮用三四次啤酒来补充能量。不仅干活的人喝啤酒，死去的人也一样离不开它——啤酒是埃及坟墓中重要的随葬品，在某处陵墓墙壁上曾写着如下铭文："牛肉、家禽、面包和啤酒，将使他的灵魂得到安息。"

所以，我的朋友，请举起啤酒杯，干杯吧！

当底层人士聚餐痛饮啤酒时，贵族的宴会上往往会选择更珍贵的饮料——葡萄酒。虽然葡萄酒的酿造技术由波斯人发明，但这并不影响埃及人对这种红色液体的迷恋和热爱。

在第十八王朝时期的纳黑特古墓中有这样一幅壁画：一袭白衣的贵妇被一串葡萄蔓藤围绕全身，在她身体两侧分别有阿努比斯和一位女神手擎长圆形酒杯向女主人的头上浇葡萄酒。

虽然在古埃及葡萄酒是奢侈的饮品，但这幅壁画反映的并不是今天那种洗牛奶浴之类的炫富举动。埃及人把葡萄树视为生命之树，而与血的颜色相近的葡萄酒代表了生命的再生，所以纳黑特壁画表现的含义是神灵给予女主人再生的恩赐。

在孟菲斯的地方神话中，伊西丝吃了葡萄而怀孕生下了众神之王荷鲁斯。葡萄酒是太阳神的汗液和荷鲁斯的眼睛，因此将这种神圣的饮料献祭给神灵和死者是非常恰当合适的。

葡萄的种植从 5000 年前开始，自孟菲斯开始蔓延到埃及各地——第三王朝国王左塞的阶梯金字塔中就出土了大量孟菲斯出产的葡萄干。

由于葡萄园常年需要人工挑水灌溉并修剪枝条，所以在埃及经营葡萄园是非常耗费人力的，一个葡萄园需要设置一个"葡萄园监工"，他监督着手下的21个人劳作，其中包括7个成年男子壮劳力、4个老年男人、4个青少年男子和6个儿童。

早王朝的大葡萄园属于国王的财产，到古王国时祭司贵族集团也被允许拥有葡萄园，到了新王国时葡萄园已经在上下埃及遍地开花。

古埃及的壁画中记录了葡萄酒酿造的全过程：每年的葡萄成熟之时，工人将葡萄摘下来放入筐中。苦力们头顶或肩挑着装满葡萄的筐子送到酒坊。酿酒工人把葡萄倒进圆形大缸里面，4—6个赤脚大汉在乐师的音乐和歌声伴奏下站在大缸中将葡萄踩碎，葡萄汁从缸底部的排水孔流入下面的小缸中。踩踏后的葡萄渣被装进长方形的亚麻布袋中，然后5个工人一齐发力挤拧袋子将最后的残汁挤出来，至此葡萄才算被彻底榨干。

葡萄汁混杂着葡萄籽和皮，被静置于陶罐中等待发酵，短则几天多则几周后葡萄糖转变为酒精，其中几天发酵可以得到淡葡萄酒，几周发酵则能酿出浓葡萄酒。酿好的葡萄酒被倒入尖底罐中，用麦秆、芦苇或陶片外加湿泥封住罐口，并在瓶塞部留下一个小口排出二氧化碳。最后在密封瓶口的泥上压制标签，或者在罐肩处书写标签：生产年代、葡萄园名称、酿酒者名字和葡萄酒的等级质量——这是世界上最早的“商标”。接下来，这些酒罐被放置在酒窖中的木头或石头架子上，等待被开启饮用的时刻。

多亏了有钱人对葡萄酒的热爱，才让后世的人们了解了很多关于埃及葡萄酒的分类名称。

早在公元前3000年之前，早王朝的葡萄酒庄园就开始对葡萄酒进行标记分类；在古王国末期，尼罗河三角洲按照产地区分出5种葡

酿啤酒的人塑像

埃及的啤酒都装在这样的陶罐中

在啤酒屋中用麦管做吸管畅饮啤酒

萄酒：北部葡萄酒、阿贝斯葡萄酒、苏努葡萄酒、哈姆葡萄酒和伊曼特葡萄酒；到了新王国时期，伊蒙霍特普三世的马尔卡塔宫殿所储存的葡萄酒已经按照品质来分类了：纯正的葡萄酒、好葡萄酒、很好的葡萄酒和上好的葡萄酒。也正是在这一时期，埃及人掌握了酿造白葡萄酒的技术。

在无数埃及贵族的坟墓和埃及文学作品中，都反复灌输一个概念：啤酒是大路货饮料，葡萄酒才是酒中珍品，正所谓“最好的面包为我日常所用，酿好的葡萄酒为我日常所饮”，“在水中你只能看到自己的脸，但在酒中你能看到内心的花园”。

在描绘古埃及贵族酒宴的壁画上，你能够看到那些高高在上的大人物端坐在座位上，优雅地手捧葡萄酒杯欣赏音乐伴奏下的裸女起舞。

就在酒宴正式开始之前，奴隶们将一具木头做成的尸体或棺材抬进来，一说这是告诫宾客贪杯的下场；另一说这是提醒各位人生苦短及时行乐。

但无论如何“在上层的盛宴上，葡萄酒是无上的快乐”，“让我的日子过成节日，喝着葡萄酒，膏腴着没药”，“歌手与少女聚在一起，如同音乐女神一样吟唱……女祭司全身盛装，没药膏腴，荷花熏香，头戴花环，口喝葡萄酒”……

随着宴会上觥筹交错，一杯接一杯的葡萄酒敲开了大人物们内心的花园。酩酊大醉东倒西歪的贵客们丑态百出，正如强调酗酒危害的纸草文献上所记载的那样：一个人手里端着倒满葡萄酒的酒杯大喊道：“为你的卡的健康干杯！喝到你扎心，喝到你醉倒！”另一位醉酒的客人向仆人喊道：“请给我十八杯葡萄酒，我想喝到醉倒，我的肚子干得如同麦秆一样！”仆人恭顺地回答道：“老铁您放心，我不会离开酒缸半步！”

底比斯坟墓中的两幅壁画直接描述了醉酒的场景：其一是一位贵族女子酒醉后狂吐不止，仆人拿着一个器皿小心服侍她；另外两位老哥已经喝到挺尸，结果被仆人们抬出场外；其二是一个女子醉酒呕吐时，酒气把她手里的荷花都熏蔫了……

虽然神话里有太阳神拉派遣哈托尔女神毁酒的故事，祭司们也写了很多教谕告诫埃及人酗酒的危害，但在无耻堕落的贵族生活圈子里，醉酒是一项令人愉悦的娱乐活动。

不光是大人物们酗酒，连国王的御林军士兵也酗酒成风。据希罗多德所说，节日里王室卫队的每个士兵能够得到四份葡萄酒，而祭司只能得到一份。以至于妒忌眼红的书吏们在文献中如此写道：“在埃及的节日上，陛下的士兵居然喝葡萄酒醉得不省人事！”

与啤酒一样，葡萄酒也被古埃及医学视为一种良药，埃及人常用的药酒配方是：葡萄酒中浸泡胡荽、薄荷、鼠尾草、松树脂与迷迭香。此外他们使用葡萄酒煮小麦粥来治疗消化不良，葡萄酒掺盐喝下治疗咳嗽，葡萄酒与莳萝同服则能减轻疼痛。如果你便秘，那就来一剂由葡萄酒和蜂蜜调成的泻药。要想杀死屋里子烦人的蚊蝇，只消用葡萄酒、乳香与蜂蜜混合成杀虫剂就成。而如果邪魔入侵了你的住宅，你就需要用葡萄酒与无花果搭配来驱魔。

酒为埃及人带来了无穷的幸福，他们的生活浸泡在酒精里，无论是得意还是不如意，至少埃及人永远都拥有一杯忠诚的酒……

那么，埃及人真的只用面包来下酒吗？

王室的菜单上有瞪羚等野味供应

答案肯定是不可能!

对于一个贫穷的农民而言，他的妻子只能把面包、啤酒、少量蔬果摆上餐桌；而上等人家则能列出鹰嘴豆泥、炸蔬菜丸子、黄麻菜鸡肉汤、蜂蜜红枣蛋糕等一长串菜单。由于地区宗教禁忌的差异，很多食物在一个地方是美味，在另一个地方是碰不得的不洁之物。

有些关于埃及饮食的文章武断地宣布他们不吃鱼，当然这个论断对于埃及的上层阶级来说是正确的。例如祭司们绝不吃鱼，因为奥西里斯神话里是尼罗河中的一条鱼吞吃了他的生殖器，因为具体是哪种鱼存在争议，所以祭司们只好不吃一切鱼以免犯错。

贵族们也不怎么吃鱼，所以我们一方面经常看到描绘埃及渔夫捕鱼的壁画；另一方面在描述上层阶级餐桌的场景中却找不到鱼。在一幅描写埃赫那吞法老大女儿坐在高凳子上就餐的壁画中，这位宗教改革家的千金正抓着烤鸡烤鹅等禽类大快朵颐，可画面上的确是没见有鱼出现的。

既然权贵们都不吃鱼了，那么其他人到底吃不吃呢?

在目前的考古发现中，除了刚提到的那幅壁画之外，埃及的壁画

在贵族的酒宴上少不了歌舞相伴

中很少见到有肉类存在，更别说鱼了，所以关于他们大都是素食者的推论存在了很长时间。其实在炎热的埃及保存肉类极为不易，所以它们很少被描绘下来也情有可原。

现代考古发现了在拉美西斯三世统治的第二十七年，书吏记录的王室墓地工匠的伙食列表——那些为国王工作的工匠们平均每月能得到 17 斤鱼。在这份残缺不全的纸草文献上还记载着工人们每月还能得到一两块蛋糕、6 罐啤酒和没有具体数量的椰枣、蔬菜、豆类等副食品。

每当附近神庙里举行宗教仪式后，祭司会为工人送来敬过神灵的面包和作为祭品的整头牛；法老派遣的高级官僚视察工地时，也会带来对下层民众来说相当珍稀的肉类做礼物。工人们能吃到被屠宰献祭后的牛肉时是很开心的，而对于等级更低的农民来说，就算是被祭司视为肮脏食物的猪肉，他们吃起来也是毫无顾忌的。

埃及平民的日常食物中包括尼罗河中捕捞上来的鲈鱼、鲶鱼和罗非鱼；他们饲养鹅和鸭子，用捕鸟绳网和回旋镖捕猎沼泽地里的野鹤、鹌鹑和鸽子，并且寻找鸟窝搜集鸟蛋；椰枣家家户户都能敞开来吃，牧区的农民家庭还可以经常喝牛奶。

埃及乡村的菜园子里能见到甜瓜、西瓜、无花果、石榴、椰枣、洋葱、豌豆、鹰嘴豆、大豆、小扁豆、莴苣、韭菜、黄瓜、卷心菜、山葵、菠菜、芜菁、胡萝卜、茄子和萝卜等蔬果，后来随着历史进程变化又增加了橄榄、李子、胡桃、豆角和桃子，高大上一些的果园还能提供葡萄、葡萄干和葡萄酒。烹饪时女人们使用小茴香、香菜、菊苣、孜然芹、西芹、薄荷和杜松子作为调味香料，使用从芝麻、蓖麻、亚麻籽和辣木籽中榨取出来的烹饪油。

富裕人家可以吃到牛肉、山羊肉、绵羊肉和羔羊肉，他们还经常吃奶酪和黄油，并饮用蜂蜜牛奶——2018 年夏季，意大利卡塔尼亚大学的研究团队在开罗附近的萨卡拉贵族墓地挖掘出一块制作于公元前 1290—前 1213 年间的坚硬奶酪残块，它由牛奶、绵羊奶和山羊奶制成。根据实验分析，不仅确定了奶酪成分，还发现里面含有可引发一种人畜共患的“地中海热”疾病的布鲁氏菌，古代的绿色食品并不像你想象的那样醇厚美味又安全……

至于王室的食谱中，除了一如富裕阶层的丰盛奢华之外，还会出现如瞪羚和羚羊这些难得的野味。

希罗多德记下了埃及人制作腌菜的过程，他还特别指出纸莎草的幼苗也可以食用，为了长期保存，埃及人将它们的嫩芽制成了腌菜。除此之外，腌制的鸟肉和鱼肉也有一些，但埃及人更喜欢趁新鲜将这些肉食烤着吃。

在新王国之前，埃及人没有专用的高大餐桌。吃饭的时候大家蹲坐在低矮的小桌子旁边，或是坐在摆满食物的长凳上。新王国之后，权贵们可以优雅地坐在大桌子旁边的高凳上，等着仆人们端上美食和葡萄酒，而乡下的泥腿子们依旧蹲在草垫子上等着开饭。

唯一相同的是，无论贫富贵贱，所有的埃及人都用一双手从盆子里抓着饭吃……

尽管贫富差距严重，但富饶的埃及养育了她的子民，让人们免于饥荒的折磨。我们在第一章中已经知道只要尼罗河定期正常泛滥，两土地的人民便稳定过着温饱幸福的生活。

参加宴会的盛装贵妇

在埃及，葡萄属于奢侈品，葡萄酒是贵族专享饮料

正如那句著名的诗篇所言："啊，尼罗河，我赞美你，你从大地涌流出来，养活着埃及……一旦你的水流减少，人们就停止了呼吸。"

## 千里之行

千里之行，始于足下。

在天气炎热的埃及，低头一看道路上来来往往的尽是光脚丫。这并不是埃及人独有的怪癖，整个地中海区域的古代居民几乎都是这样的。

虽然埃及人习惯赤足行走，但他们一样也有鞋子。在赤足可能导致受伤的场合，他们会穿上一双皮带夹趾，在脚后跟连接的凉鞋。这种凉鞋配有两条窄长的皮带，以皮革或灯芯草制成，通常都有皮制的鞋底和鞋带。

国王和祭司有时也会穿上精美的凉鞋，它们是财富和地位的象征。在图坦卡蒙的墓葬中出土了 93 双鞋，其中的木制凉鞋鞋面上描绘着图坦卡蒙每走一步，都将一名敌人俘虏踩在脚下。

新王国时期埃及人开始接触从亚洲传来的真正的鞋子——但他们依旧喜欢赤足。

埃及民间很早便开始饲养牛、驴和骡子等牲畜，其中牛用来耕作，驴和骡子用来驮东西。

古王国时期的一座陵墓壁画描绘了两头驴子驮着一把轿椅并伴随着两个步行的仆人，其中一人走在前面清道，一人走在后面一边赶驴一边给主人扇扇子。在其他壁画上也有描绘驴子被配上鞍子的情景，不过埃及学家们还是认为埃及人骑驴的时候不多，比起骑着驴子慢腾腾在路上磨蹭，他们宁愿下来自己走。

埃及有一种载重四轮车，但这种车子一般是运送棺椁或节日游行期间运输圣像和圣船的，平民出行时基本上不会用到这种特殊的工具。

早期埃及的贵族出行时坐在排场很大的轿椅上，这种轿椅由大约12个仆人抬在肩上，座位上还带有很拉风的华盖。主人出行时还有轿夫以外的仆人步行陪伴，这些跟班有的给主人扇扇子，有的提着水囊供主人饮用。当然也有些轿椅没有华盖，这时候会有仆人撑着高大的阳伞为主人遮阳。这种轿椅一般是国王和大贵族的专用交通工具，在神庙的庆典日里也会用这种轿椅运送神像。进入新王国时期后，这种轿椅逐渐退出了舞台。

在第二中间期，希科索斯人带来了西亚的马和战车。

马刚进入埃及时基本上是国王和大贵族的专属玩具，他们痴迷于这种神奇的进口动物，马和马车所用的金属部件都镀上了金，马具皮革则染成紫色。国王的马厩总管负责喂养、训练皇家的马匹，为国王驾车的车夫被称为“陛下第一御者”，这位老司机拥有很大的权力，并肩负着从国外挑选良马的重任。

古埃及墓葬中的船只和水手模型

船只是古埃及最重要的运输工具

当帝国时代的埃及掌握了养马技术之后，马匹迅速开始普及。

从新王国时期的图特摩斯三世起，埃及军队中出现了马拉战车的车兵团，驭手居左驾驶，射手手持长矛和弓箭站在右侧作战。侦察兵和信使也开始乘坐马车或骑马出行。但是埃及的贵族很少直接骑马，他们迷上了飙战车这项危险游戏——虽然埃及的国王们喜欢吹嘘自己纵横战场的英姿，但他们绝大多数飙车都发生在打猎的时候。

这种游戏是很危险的，关于图坦卡蒙之死的猜测之一就是这位老司机在飙车时摔了下来，结果导致骨折感染而死，甚至是直接被车轮轧死的。

埃及民间的马车也是轻巧的两轮车，这种两轮车也是分别坐着一个车夫和一个乘客。但是民间依旧将便宜好使的驴子当成主要运输工具，这种情况直到托勒密王朝引入骆驼之后才发生改变。

比起身单力薄的驴子，尼罗河航路才是埃及人最可信赖的运输途径。埃及人的货物运输和远行历来是走水路的，并没有哪个傻瓜真的会用一双光脚板踏遍上下埃及之间的千山万水。

悠悠母亲河将埃及人的生活与自己天然地联系在一起，在史前壁画上就能看到埃及人用纸莎草制作的船只飘荡在水上。

莎草船基本上是简单的芦苇筏子，埃及人用亚麻绳子把纸莎草芦苇紧紧捆在一起做成中间宽两头窄的筏子，这种筏子最少能坐两个人，加上一对灵活的短桨或是撑船的篙，足够在河上捕鱼狩猎所用了。

不过要对付大金字塔时代的天量货物运输靠这种小纸船可不成，埃及人不得不从叙利亚进口松木制造大型货船。

古王国时代的木船用窄而尖的木桨划行，他们还没有学会使用船舵，但亚麻制成的船帆已经在尼罗河上随处可见了。象形文字中表示从南到北和从北到南的词汇用的字母都是船，但是表示从北到南用的船是有船帆的，从南到北用的则没有帆只有桨。这是因为尼罗河是从南向北流，所以从南到北是顺流而下不用帆，而从北到南就得升起帆借助地中海吹来的北风助航了。

光脚板的埃及人非常善于开船，他们的船只在很早的时代就运载着各色官吏和使者，以及书吏、翻译、水手和士兵航向地中海。

公元前 2600 年，第四王朝的斯尼弗鲁国王便派出由 40 艘海船组成的船队远航黎巴嫩，埃及人在黎巴嫩留下了纪念碑记载这一伟大壮举。

在第十一王朝时期，埃及人赫尼奴率领 3000 余人的船队航行到蓬特采购香料，并顺便恢复了与蓬特之间中断已久的贸易往来。

到了新王国时期，叙利亚沿岸的人们已经习惯了看到埃及船只往来的帆影。哈特舍普苏特女王派遣的远征舰队也经过一个月的航行再度抵达蓬特。

女王的这支船队由 5 条大帆船组成，每条船上有大约 30 名水手。埃及使者带去了埃及的短剑、斧头和项链进行易货贸易，并向蓬特女王的手下献上面包、葡萄酒、水果和肉等礼物。

这桩生意成交了，船队运载着香料、没药树、黑檀木、象牙、金子、猴子、狒狒、狗和豹皮等特产返航，还带回了蓬特人住在高高的圆锤形房子里，要用梯子才能上下的趣闻，并将蓬特女王是个身材高大胖到畸形的女汉子一事传到哈特舍普苏特的耳朵里。

到了拉美西斯三世的时候，另一次驶往蓬特的伟大远航开始了。

这次远航从筹备阶段开始就显得规模宏大：在美索不达米亚建造的航船沿着幼发拉底河而下驶入波斯湾，绕经阿拉伯半岛抵达蓬特后，再经红海回到埃及的古尔塞港靠岸。卸下来的物资经过陆路运输到达科普托斯，经水路将货物运回位于尼罗河三角洲的首都培－拉美西斯。

后期埃及第二十六王朝时代海上贸易再度兴盛，尼科二世大力发展地中海和红海舰队，甚至试图建设打通尼罗河与红海的运河，这就是现代苏伊士运河的滥觞。

尼科二世的海军中坚力量由腓尼基人构成，这些雇佣兵为埃及带来了先进的造船和航海技术，埃及因此拥有了三层桨座的巨大战舰。心花怒放的尼科二世派遣这些腓尼基人远航探险，他认为非洲大陆比埃及大不了多少，所以埃及需要控制从红海出海口到直布罗陀的海上运输线。尼科二世为了验证自己的想法，雇用腓尼基人为自己跑趟腿，而腓尼基人正急于找到一条从非洲直通西欧的新航路，一个出钱一个出人，双方一拍即合。

于是一个由 60 艘海船组成的伟大探险舰队出发了，气候的艰难困苦和耗时久远都远超出埃及法老与腓尼基人的意料之外——他们头脑中的非洲实际上只是对北非地区面积的认识。

勇敢的腓尼基人从红海出发，经过好望角整整绕非洲航行了一圈。当幸存的船只由直布罗陀海峡返回埃及时，距离出发时已经过去了三年时间。

这次跨越 16000 海里的航程不仅是古埃及航海业的巅峰，也是大航海时代之前地中海文明圈中最伟大的一次探险。

# 第三章 埃及的社会结构

中国人对旧时代的职业有个概括性统称：三教九流。三教指儒、释、道三大传统宗教，九流指的是学术流派：儒、道、墨、法、名、杂、农、阴阳、纵横。不过在中国民间文化中普遍将三教九流作为上、中、下三等职业的社会地位划分标准，虽然与其原意大相径庭，却大致对应了埃及的金字塔形社会结构。

当然，古代中国与古代埃及社会环境和人文特征差异巨大，东边的三教九流与西边的金字塔结构中的职业对比起来有时候颇有啼笑皆非的感受。幸好医生这个职业在天朝或埃及同属中间阶层，所以我们就从在两国都受到一定程度尊重的医生开始，来看看埃及人的职业吧。

提起伊蒙霍特普，阅读了前面章节的您可能会想起普塔神的儿子，左塞王的维西尔，金字塔的发明者等多重身份。事实上在古代埃及，这位智者还有一个令人尊敬的头衔——医术之神。

客观来讲，古代埃及的医学知识一定始于伊蒙霍特普之前。但这位曾在历史中真实存在过的人物，也的确有可能开创了尼罗河边医学技术的里程碑，所以才会让崇拜他的人民赞颂为医神。就连希腊神话中的太阳神阿波罗之子——医学之神阿斯克勒庇俄斯也是以伊蒙霍特普为原型而产生的。

在希罗多德笔下，埃及人每月要灌肠三日，以清洗胃肠中不洁净的致病食物残渣，并认为此举是延年益寿的良方。后来的古罗马学者普林尼断定这是埃及人从朱鹭那里学来的，因为传说中这种代表智慧之神图特的神兽会自我灌肠治疗……

古埃及的医学和神话或者说巫术的密切联系可见一斑，在漫长岁月中，虔诚的信念和药物都是古埃及人战胜病魔的手段。

1828 年，一块刻满了圣书体象形文字的完整石碑被打井的埃及农民挖出来。埃及的统治者对这些远古异教产物毫无兴趣，于是将它作为礼物送给时任奥地利首相梅特涅，这块石碑因此得名“梅特涅石碑”。

1950 年，这块石碑被收藏于纽约大都会艺术博物馆。

梅特涅石碑上一共出现了埃及神话中的五位重要神灵：伊西丝、小荷鲁斯、拉－荷拉克提、奥西里斯和图特。这块谜一般的石碑上包含有 13 篇咒文，其中有一个咒语与古埃及医学直接相关。

话说伊西丝女神在三角洲沼泽中生下荷鲁斯，从此开始了抚养孤儿的艰苦生活。埃及的神灵也要有饭吃才能活下去，可是当伊西丝外出觅食回来时，她的宝贝已经昏迷不醒。

着急得近乎疯狂的女神请求沼泽地中的居民来帮助自己，其中有位博学的大妈断定是蝎子或者毒蛇咬伤了孩子。伊西丝一遍又一遍地重复尖叫“荷鲁斯被咬伤了”，这疯狂的呼喊让天空中的拉神之船都停了下来。

太阳神吩咐图特到地面上看个究竟，图特在听到伊西丝的哭诉之后，使用“生命之气”治愈了小荷鲁斯。图特将“黑暗的狮子”“高贵的圣甲虫”等保护中毒者的神秘神灵告诉伊西丝，并且承诺世上所有患病的人或动物都可以因此而痊愈，就像小荷鲁斯曾经历过的那样。

这个石碑是埃及人尼萨图姆出资制作的，这位慷慨的祭司宅心仁厚，他没有将这些咒语抄写在纸草卷轴中私藏起来，而是花钱请人刻在石碑上对公众展示——用来帮助那些患病的可怜人。

虽然绝大多数的埃及人并不识字，但这些人相信用手摸摸石碑上的文字就能让神灵的力量治愈自己，病人的亲属则向石碑泼水，然后把这些“圣水”带回去拿给病人服用或沐浴。

虽然看似可笑，但当你注视着石碑上那些被一双双满怀希望的手几乎磨平的地方，不能不心生同情——这几乎是那些正遭受苦难的人的唯一希望了……

## 巫术和医学

有种关于古埃及医学的看法是古埃及的医生分为两派，分别是祭司巫医和专业医师。被埃及人奴役过的犹太人记载了早期巫医的医学理论，这些祭司们以鬼神作祟来解释疾病成因，驱魔仪式是临床医疗

埃及的医学与巫术从未彻底分离过

埃及医学被神话和宗教所束缚

中最重要的程序。祭司拥有神仆的光环加持自然地位较高，这些神学老司机引领医学发展潮流几千年，结果导致古埃及医学始终困在迷信的弯弯绕里面难以发展。

这种二元对立的分法其实不能准确表现古埃及医学的状况，因为在他们的世界中祭司和医生，巫术和医学是密不可分的整体。

中国人见了医生会客气地称呼一声大夫，埃及人对医生则叫作“苏努”。象形文字中的苏努用箭头来表示，可能是埃及医生用箭头状的工具进行临床手术的缘故。

中国的医生始祖是轩辕黄帝，埃及的医生始祖是伊蒙霍特普。在之前我们介绍过这位由人转化为神的伟大祭司，他是埃及人心目中的医学保护神，据说他曾撰写了很多纸草医书，可惜一本都没有流传下来。

埃及还有一位专门的医学、战争和法老守护女神叫作塞赫迈特，于是侍奉这位狮首人身女神的祭司们也要将大把精力放在医疗领域了。

在古埃及文献中专门列出了一些医学书吏，目前没有证据表明这些人是世俗社会的专业医师。不过在古埃及的官僚机构中的确有上下埃及医学总管这个职位，按照惯例担任这个职务的依旧是大祭司。

在古代埃及的医生队伍中，除了那些不入流的接生大夫或者说接生婆以外，基本上都由男性从事这个行当。目前已知的医学院主要是神庙的生命之屋，新王国时期下埃及的巴斯泰特城以及后期埃及的阿拜多斯和塞斯城都是文献中记载的医生培养基地。

在古代埃及并不是说你在伊蒙霍特普或塞赫迈特神庙中担任祭司就自然成了医生。按照已发现的铭文记载看，医生要从学徒干起，经过严格的医学培训后，还要经过一次次专门考核才能沿着独立行医、成为高级医师的职业道路前进。

在这些医生的成长过程中，埃及古代医学文献是他们学习的课本。马涅托曾记载埃及开国大帝美尼斯的儿子阿托悌斯就撰写了医学著作，在埃及历史上第一次论及解剖学。除此以外，诞生于公元前1550年的《埃伯斯医学纸草文》和更古老的《史密斯外科纸草文》都是古埃及医学家总结出的经典医书。他们记载了创伤性与自发性骨损伤的差异、导致埃及人失明的沙眼传染病、各种肠道寄生虫，以及截肢手术、绷带包扎方法、包皮环切术等等外科技术，更有海量的药物处方。

文献记载中的古埃及药物有200多种，其中涉及70多种动物，25种植物，20种矿物，以及我们之前提过的啤酒、葡萄酒和面包等日常食物和饮料，甚至包括动物尿液、尼罗河淤泥和病人指甲中的污垢——这些不可思议的药物效果如何可想而知，但这些由象形文字记载的药方正是“化学”一词的来源，意为古埃及黑土地上的神奇科学。

古希腊人曾认为埃及人精于制作木乃伊，所以他们的医学水平很高。因为宗教文化的原因，希腊的医生和学者不能在本土解剖人体，所以他们渡海而来从埃及祭司那里寻求答案。结果希腊人失望地发现埃及祭司虽然能够熟练地把遗体大卸八块再缝合起来，但他们所做的一切都是基于宗教意义上的防腐手段而不是科学地研究人体运作原理，所以希腊访问学者在很短时间内就取得了埃及祭司几千年来对人体结构了解的总和。希腊人系统地分析了古埃及的医学，将科学的诊疗手段与魔法巫术分开，这些经过提炼后的知识又被带回古希腊，成为西方医学体系的奠基石。

为什么埃及医学无法实现自我突破呢?

按照《埃伯斯纸草》中对医学学生的描述:“他的导师是图特神,图特神会用纸草卷引导他们,图特神编撰了这些文献,并将这些知识讲授给需要学习的人。”在宗教意义上来说,神已经为世人的疾病准备好了治疗方法——也就是前辈医生积累下来的医学经验,后世学徒只是练习将自己见到的病症与古代文献进行对比,找出相同的病以及治疗方法即可。

更关键的是按照古埃及的规矩,如果医生按照“祖宗家法”看病看出问题是不负责任的,因为《史密斯纸草》等文献早已经用神灵之口宣布人间疾病分为可治愈之病、不可治愈之病和可能治愈之病,所以医生有足够的理由为自己辩解;一旦医生胆敢怀疑古代先贤和神灵的知识,试图另辟蹊径来治疗的话,很可能会被治罪甚至是掉脑袋——换成你的话你会怎么做呢?

正因为如此,埃及的医学才未能突破巨大的束缚实现自我突破。流传千古的既有医学知识让埃及的邻国所羡慕,甚至让希罗多德感慨埃及人是世界上最健康的人群。但木乃伊上出现的严重牙病、尘肺症和炎症痕迹无声地说明了埃及医术的巨大局限性,因此梅特涅石碑才会成为那么多埃及人的精神慰藉和灵药来源了……

## 神庙与祭司

寂静的夜晚,一位中年祭司缓步登上神庙的屋顶,他铺开莎草纸卷轴，对着星图举起被称为“梅尔卡特”的观测仪器丈量夜空，通过梅尔卡特、祭司自己和助手的悬锤，以及目标星四点连一线，祭司很快确定了星座的位置。

习习夜风吹动祭司的假发，他在心里感恩神灵赐予自己的清凉，手上眼里依旧一丝不苟地搜寻星星的轨迹。他经受了严格的训练，明白自己从事的工作具备神圣的意义。

正因为天空是宗教和魔法的舞台，身为天文学家的他在观察太阳和星月在天空中的轨迹时，能够印证国家和个人的命运。

祭司和他的前辈已经初步掌握了恒星和星座升降的规律，埃及的时钟正是由祭司天文学家发明的。他们满怀虔诚的测量行为带来了几何学知识的飞速发展，它们很快运用在土地丈量之上，进而真正影响到了国家和个人的命运……

按照中国的民间传说，玉皇大帝在天宫中逍遥自在，那是和人间完全隔离的两个世界，连时间维度都不一致。那么在埃及人心目当中，神灵究竟是以一种怎样的形式存在的呢？

这个答案是一桩无头官司，因为在埃及流传下来的各种宗教文献中说法差异很大，有的说法认为阿蒙神等造物主存在于宇宙之外，他们是不可知不可见的超自然力量；有的则强调造物主无处不在，神灵存在于他的一切创造物之中。

有一个名叫布特哈蒙的书吏，在写给已故妻子的信中描述了自己的宗教思想，他认为拉神和他的九柱神早已离开了埃及，这些神灵就像那些历史上的国王一样离开了这个现实世界。神话里的所有故事都发生在一个遥远的过去时代，那时的确是奥西里斯和荷鲁斯统治的神灵王朝，但随着塞特的背叛和谋杀活动，神灵最后退回地下神界中以人类难以想象的形态生活。只有那些死去的人才能进入神界，并且目睹那些形体巨大、闪闪发光、带着强烈香甜气息的神灵。

人们相信神灵虽然不在人间生活，却能以各种方式与埃及人交流：他们可以通过风暴、洪水和瘟疫等可怕的自然灾害显示自己的力量，他们可以附身于国王、侏儒等特殊的人类身上，他们可以出现在神圣动物、神圣树木和神圣物体之上。所以埃及国王总是喜欢大肆建造神庙等公共建筑，因为这样埃及的工匠就可以通过制造雕像、绘画和象形文字来为神灵制造出人间的暂时的本体，当神灵愿意在这些物体上栖息停留的时候，他们的存在定然会为埃及人带来种种恩惠。

在所有为神灵所准备的栖息之所中，自然是神庙最为专业对口。如果说雕像和文字是神灵“在街上，在桥下，在田野中”游走时暂时停驻的泊车点，那么神庙就是他们那“二十四小时热水的家”。

神庙是神灵在人间的家，也是埃及宗教文化的中心。

一般的埃及神庙大都有一堵与外界隔绝的厚实高墙，进入神庙前需经过一行行兽身人面像组成的道路。神庙内则有巨大的方尖碑、坚固厚实的门道和雄伟的柱廊。神庙的大门并不是对所有人都敞开的，在埃及能够开启神庙大门的人，只有国王和祭司。

祭司的诞生与古埃及的神庙和丧葬习俗有着密不可分的关系，埃及的祭司都是所处时代的精英人士，他们掌握了各自领域的技术专长：处理尸体、执行葬礼仪式、献祭动物等祭品，以及照管神像和神庙等等。

西方埃及学家认为祭司并不是现代意义上的宗教领袖，而是一种在神庙中工作的宗教职位的统称。因为古埃及人认为神灵每天也有穿衣吃饭的生活需求，所以在神庙里服侍神灵就是“神的仆人”——祭司。

祭司这种神的仆人是长期工作而不是钟点工，早在史前埃及时期，尼罗河谷的定居点中就出现了为每个氏族公社侍奉神灵的特殊人群，他们就是埃及祭司的滥觞。

神庙是神灵的家园，祭司负责神庙的设计、建造、管理等事宜。第十九王朝的塞提一世想要在赫利奥坡利斯建造一座太阳神庙，于是祭司们急吼吼拉着绳子就去测量土地——基建项目的预算批下来了，各级分包商心里都乐开了花。

神庙中的有些祭司本身是专业建筑师和工程师，第二十王朝拉美西斯九世时的阿蒙神高级祭司伊蒙霍特普就带有“国王工程长”的头衔。不要说区区神庙，连国王的金字塔以及国王与阿蒙－拉神的巡游圣船也都是由他们设计建造的。

祭司们肩负着清洁神庙的重任，这种清洁不仅限于打扫卫生——第二十五王朝时，来自亚洲的外族入侵者频繁袭击神庙，使得这些圣洁场所被玷污。黑蜀黍法老下令由“阿蒙的第四预言家”蒙特姆贝特清洁被冒犯的神庙，使其恢复神圣洁净——这位预言家并不是拿着水晶球的吉卜赛人，他的这个头衔是埃及祭司的一个等级称呼。

清洁神庙是个肥差，第二十二王朝的利比亚裔国王塔凯罗特二世统治时，卡尔纳克神庙的祭司哈尔塞斯向法老请求获得“清扫神庙及其器皿物件的世袭权力”。塔凯罗特二世时期正值天下大乱之时，哈尔塞斯的要求是否得到满足尚不得知，我们只知道这位国王的木乃伊被放在第十二王朝一名叫阿明尼的官员的石棺中，似乎负责照管陛下身后事的祭司可并不怎么可靠。

除此之外，祭司中还有专业记账的会计师。这些人被称为祭司书吏，他们负责登记国王对神庙的慷慨赏赐，正是因为有来自王室的大批礼物，祭司们才可以在日常祭神仪式中向诸神提供奢华的祭品。

祭司们甚至还是表演艺术家，他们会在宗教节日中上演奥西里斯神话，通过扮演各种神灵角色来宣扬宗教故事……

总之，祭司们构成埃及复杂宗教机器上的每一个零件，只有他们才能令埃及的神庙保持运转。据阿蒙的高级祭司罗伊的铭文记载，仅其厨房就有祭司、书吏、神圣祭品的优秀仆人们、烤面包者、揉面者、制糖果者、制蛋糕者等诸多工作人员。另据《艾贝特纸草》和《艾姆赫斯特纸草》记载，高级祭司还掌管神庙的铁匠、采石工人、神庙农民和奴隶等。由此可见，神庙机构十分庞大。

每一座神庙都像一个自给自足的小城镇，这里有储存谷物的仓库、图书馆、学校和住宿房屋。每一座神庙中除了祭司之外还有大量的雇佣人员：工匠、手艺人、书吏、屠夫、面包师傅、牧人、厨师、仆役和警卫等等，这些人并不是普通的信众，他们依附于神庙形成了一个人数庞大的社会生态圈。

祭司就是这个神庙生态圈中的统治者，他们有严格的等级和头衔，不管职位高低都竭力使自己区别于凡尘中的俗世之人。祭司们举止得体，不穿有袖的、打褶的衣服，希罗多德见到的祭司“穿着长长的裙衣，躯体赤裸外露，胡子和毛发刮得一干二净”。

由于埃及人相信来世，因而需要有专家指点自己在活着与死后的生活法则。上自国王下至贱民，生前准备墓室，死后抵达来世都需要

来自亚洲的难民入侵埃及

专业的指导——因此专业处理丧葬事务的人员与神庙的神职人员一起，也一并被归于祭司群体。

古埃及人非常注重丧葬礼仪，也只有丧葬祭司有足够的专业知识和训练来完成制作木乃伊、举办殡葬仪式、施行冥事法术等工作。第五王朝的一个王宫管家曾立下遗嘱，要儿子充当贵族凯努卡的丧葬祭司，并为其制作丧葬祭品，以供死者在死后使用。

第十八王朝的图特摩斯一世在视察奥西里斯的阿卑多斯神庙之后，向丧葬祭司如此吩咐：供祭我的墓，安置我的祭品板，维护我的纪念碑，提我的名字，记住我的衔号，赞美我的画像和雕像——这正是丧葬祭司的职责。

除了上述职责之外，丧葬祭司还有保护和修复王室木乃伊的职责，这正是底比斯祭司们反复修复帝王谷木乃伊并重新安葬被盗墓法老的原因。埃及人对这些辛苦工作的祭司的期待正如第二十六王朝时期帕夫涅弗德内特雕像铭文上的丧葬祷词写的那样：“啊，承担神圣职责的每个祭司，奥西里斯将恩赐你，你为我朗诵丧葬祭品的祈祷。”

关于祭司的培养体系目前还缺乏具体的资料，目前能确定的是埃及祭司的知识水平参差不齐，从科学家到半文盲都有。

新的祭司进入神庙前至少会接受相应神学理论的基础教育，男祭司还必须做包皮环切术，很多埃及人都会在少年时做这项手术，如果没有及时做而又成为了祭司，那么就得补上这一课了。

神庙会为新生力量举行“纳新”仪式，主持仪式的祭司会将圣水洒向受礼者使其净化，然后为受礼者的手举行涂油仪式，最终将受礼者带到圣坛的神像前获得神灵的感化——“神的力量使他获得了敬畏”，之后受礼者就会成为神庙中祭司的一员。

关于埃及祭司的性别问题，一直存在两种对立的说法，一种坚称祭司都是男性，另一种大谈女祭司在埃及历史中的独特作用。造成这种混乱局面的源头就是希罗多德这个大嘴巴，他在自己的《历史》一书中先是信誓旦旦地指出“妇女不能担任男神或是女神的祭司，但男子则可以担任男神或是女神的祭司”，但转过几页又八卦两个不幸的埃及女祭司曾被腓尼基人卖到了利比亚和希腊……

那么，古埃及到底有没有女祭司？显然希罗多德老先生没法给大家一句痛快话了……

以目前掌握的历史资料和考古证据来看，在埃及神庙中存在妇女是毫无疑问的。至少从第四王朝开始，在阿拜多斯的神庙中就描绘了女祭司正拍手欢迎国王到来的情景。古王国和中王国时代，妇女一般充任奥西里斯神庙和哈托尔神庙的女祭司。第五王朝时期一个位于吉萨的女性坟墓铭文中介绍墓主是“王室之女、哈托尔的女祭司”；第六王朝一位官吏墓碑铭文上介绍“他的妻子，他的所爱，王室光彩之人，哈托尔的女祭司塞皮”。

上述这些女祭司大多属于身份比较高贵的神庙乐器演奏者或歌唱

者，她们在宗教仪式上摇着一种摇铃乐器“Sistrum”进行演唱，这种摇铃是哈尔托女神的圣物，演奏摇铃的情景尤其在底比斯附近的神庙中所常见。

这些女祭司的领导者被称为“女音乐家之长”或“高级女祭司”，同时这些领导者通常就是高级祭司的妻子。在大多数情况下，高级女祭司被直接描绘成神或神的妻子。如在埃勒凡泰尼的克努姆神庙中，高级女祭司拥有克努姆的妻子之名“萨特特”的头衔；在伊德富的荷鲁斯神庙中，高级女祭司的头衔是“坐在宝座上的她”，暗示了女祭司是荷鲁斯妻子哈托尔女神的化身。

新王国时期众多的墓葬铭文都曾提及这种唱歌者女祭司，并且这种职位还可以在母女之间世袭。图特摩斯三世时代的底比斯地方官塞努费尔的铭文夸耀了他的妻子是“阿蒙的女唱歌者”麦丽特夫人，他的女儿则是“阿蒙的女唱歌者”穆特涅菲尔特小姐；涅菲鲁西地方官伊姆努费尔的妻子则是“图特的女唱歌者”麦丽特女士。有些歌唱者女祭司还是男祭司的伴侣，“阿蒙第三预言家”大祭司卡姆赫尔伊布森的妻子是“阿蒙的女唱歌者和神庙中的妇女”赫努塔乌伊，他的女儿是“阿蒙的女唱歌者”阿蒙涅瑙皮特；甚至连伊蒙霍特普三世国王的岳母阗乌也是“阿蒙的音乐家和哈托尔的赞扬者”。

充当唱歌者的女祭司身份尊贵，涵盖了从权贵到王室妇女的广大上流阶层，于是无怪乎经常能看到国王对她们赏赐土地的记录。

除了唱歌跳舞演奏乐器的专职女祭司之外，神庙中一些辅助性事务也由普通家庭出身的妇女负责，通常做法是“神庙的专职管理人员把居住在神庙附近的居民分为若干小组，以便他们轮流到神庙里担任与自己的社会地位相适应的神职”，而这些出身底层的妇女真正的身份一般是乐师、仆役以及下体异常雄伟的阿敏这类特殊神灵的神庙妓女之类了。

自新王国时期开始，王后也成为名义上的最高女祭司，即“阿蒙神的妻子”。帝国时期的国王们期盼来自阿蒙－拉的支持，所以支持自己的妻子加入名义上的太阳神后宫队伍——在理论上所有的女祭司都可以算成是侍奉神灵的妻妾。

担任阿蒙神妻子的王后并不只是挂个虚名而已，她要“净化神庙、给神献祭，并且在夜间念诵经文”。王后的祈祷能让阿蒙降临神庙享用祭品并在此过夜，以便把一切妖魔鬼怪阻挡在埃及国土以外。与此同时，王后还主持诅咒外族的魔法仪式。这一切宗教职责都需要小心谨慎对待，千万马虎不得。

在后期埃及的动荡之中，各方势力都觊觎埃及王位。来自阿蒙－拉祭司的支持成为取得王位的关键，所以这一时期的许多法老派出自己的长女或姐妹担任“阿蒙神的妻子”。

这些公主终身未嫁，并在年老后收养养女作为自己的继任者。与此同时，这些公主亲自负责祭祀活动，并介入神庙的日常管理事务。传统上的男性阿蒙神大祭司地位逐渐衰弱，甚至被架空权力排斥在外。

女祭司的 Sistrum 乐器

从第二十三王朝到第二十六王朝期间，至少有五个阿蒙神高级女祭司掌握了底比斯的实权。这些公主新娘控制了大量财富，如第四个阿蒙神的妻子尼特克丽丝即位后，每天有 191 千克的面包作为俸禄，她在 11 个诺姆中占有 11000 余亩土地。

除了神庙祭司之外，丧葬服务中的女祭司也不少见。第四王朝孟考拉国王时期的王宫管家涅孔涅赫本身是个贵族赫努卡家族的丧葬祭司，他将自己的职位馈赠给了他的 13 个孩子，其中包括他的女儿赫日赫克努。

在涅孔涅赫的墓室铭文中表示“现在正是我的这些孩子在瓦格节、图特节和每一个节日给王友、赫努卡家族及其父母制作祭品了”。丧葬女祭司们还是表演者，她们在葬礼上装扮成伊西丝和奈芙蒂斯，这实际上是把死者比作奥西里斯以示敬意。负责 Cosplay 表演的也包括男祭司，他们扮演阿努比斯和荷鲁斯。

壁画上的埃及祭司

有一份纸草文献记录了两个女祭司在底比斯的阿蒙－拉神庙中向奥西里斯吟唱的歌词：

啊，地下世界之主！

你击退了灾难，赶走了邪恶，使和平来到了我们中间……

你比其他任何神都高贵！

你使死者复生、活者生存。

啊，食物之主！

你是绿色植物的王子，你是诸神祭品的给予者，你给死者以食物……

当你的遗骸被收集到一起时，我们欢呼！

阿努比斯来了，伊西丝和奈芙蒂斯来了。

她们把你的遗骸收集到一起，她们寻找你那散布在四方的肢体，并把它们放在一起。

你将被宣布为世界的继承人和唯一的神，你是诸神设计的完成者。

所有的神都哀求你，来到你的神庙而不害怕。

啊，奥西里斯，伊西丝和奈芙蒂斯的最爱，你将永远安息在你的居所！

在表演这首歌的过程中，两位丧葬女祭司扮成女神吟唱舞蹈，其他女祭司负责葬礼中的燃烧香烛、为众神和死者献供品。她们如男祭司一样履行了实际的仪式职责，表明了自己在埃及祭司群体中的重要地位。

不管祭司是男人还是女人，在神庙中他们都必须遵循共同的仪式，侍奉共同的神灵。

古埃及日常奉神仪式分为早、中、晚三次，其中以早晨的仪式最为繁复。

在黎明之前，神庙附属的工厂、仓库、面包烘房便开始忙碌起来。奴隶和仆人从生起炉火开始烘烤面包和糕点，书吏将各种祭品逐一登记下来，低级祭司用圣井里的水清洗祭肉。

时间流逝，东方渐白。

有身份的祭司们带着食物、水和葡萄酒，以及洗澡用的化妆品来到神庙——有时候他们会住在神庙里面。

祭司穿着用精细的亚麻线制成的古王国风格的“圣衣”，高级祭司们会另外在肩上增加一些豹皮制成的衣物以示身份。在这个大众普遍打赤足的炎热国度，祭司需要穿上白色的便鞋。

为了防止虱子和污垢的存在，确保以圣洁的身体面对神灵。祭司每三天要去除一次体毛，因此在埃及壁画上的祭司都是光头光脑，连睫毛都没有。

埃及祭司的这一习俗还被用在进入神庙并停留一段时间的外来者身上，在后期埃及时期许多来埃及神庙中寻找埃及文化真谛的希腊学者都遵守了这样的传统。

神庙里的一切都是圣洁的，这里的廊柱宏伟高大，上面装饰着美丽的莲花或莎草图案。神殿内的天蓝色天花板上有日月星辰点缀，支撑天花板的柱子直插其间，抬头望去给人以沿着道路可以登上天庭与神灵沟通的感觉。

大家沿着台阶步入圣水池清洗自己的身体，埃及人认为圣水就像孕育世界的原初之水，它不仅能洁净身体，而且赋予人们新生的力量。希罗多德记载说，埃及祭司们每天洗四次澡：白天两次、晚上两次。

从圣水池沐浴已毕，祭司们用盐水漱口清洁口腔、用圣油香脂涂抹身上，之后才能走向诸神居住的永恒世界。

当太阳升起，金光覆盖大地之时，祭司们在神庙中齐声朗诵黎明的颂歌："天空之门被打开，地上之门被打开！伟大的神灵，在寂静之中醒来吧！"

司祭者点燃火把进入黑暗的圣殿，他登上神殿的台阶开启封泥，打开神圣的大门。由高级祭司担任的司祭者一般都有着"某某神的第一仆人""某某神的第一预言家"等头衔，他是神庙祭司群体中地位最高的人。

司祭者在圣坛上揭开神像的面纱后退下台阶，大家一齐在露出真容的神像前吟咏颂诗，并为神灵呈献香脂和象征秩序与公正的玛阿特神像，然后将面包、蛋糕、蔬菜、水果、葡萄酒等作为早餐供奉给神灵。

埃及神话认为神灵享用这些祭品的"精神营养"，也就是说看看问问就成了。这些祭品的"物质营养"就算神灵的打赏小费，留给眼前这些祭司仆人们享用。

当然现在还不能急着去吃，以免失了礼数，毕竟神灵主人还没梳洗呐！

祭司们脱去神像上的旧衣服，用香脂和圣水清洁神像，再给神像穿上用精美亚麻布制成的白、蓝、绿、红色四套衣服，并戴上手镯和脚镯等饰品，用化妆品为神灵涂抹装扮。这些珍贵的物品来自神庙中的宝库，这间小屋子里面储存有珍贵的祭礼物品、神圣供品和神圣乐器等等——每当动荡之时，这里也是所有入侵者的第一目标。

神灵梳洗已毕，司祭者一边念着咒语一边用右手小拇指向神像前额施以涂油礼，之后会向神像和圣坛洒些清洁的圣水。其他祭司在香炉里的香料烟雾和赞美诗的朗诵声中向祭坛呈献祭品，并诵读书吏记载的祭品条目，平常日子里的祭品一般是五种谷物、泡碱和香料，重大宗教节日里会有其他贵重祭品呈献。

最终大家熄灭火把离开圣殿，关闭大门并用封泥封好——食物已经被祭司们离开时一并打包带走，现在终于到了大伙早上收工享用物质营养的时候了。

为了维护圣洁的形象，祭司在饮食上也有许多的禁忌。日常的猪、牛、羊肉不能吃，大蒜、黄豆、鱼也不能吃，而葡萄酒倒是可以喝的。根据希罗多德的描述，某些神庙的祭司也有吃肉的情况，所以可能不同的神灵崇拜对肉类禁忌各有不同的缘故，目前已知的禁忌中就有不能吃与神庙所供奉神灵化身有关的动物肉。例如你要在荷鲁斯的神庙内坚持吃老鹰肉，那铁定是邪神塞特派来的卧底了……

神庙里中午的仪式较为简单，它主要为次等诸神和国王的神殿前洒水和敬香，以及清洁祭礼容器，更新圣水池中的圣水等等。晚上的仪式也很简单，祭司们在圣殿周围的小寝庙礼堂中举行各种宗教仪式并施行魔法。

当夜幕降临，祭司们关好所有的房门退出神庙，神庙中的诸神进入梦乡。此时负责天文学的祭司登上屋顶上观测天象，他们要确定精

祭司要剃光所有体毛

确的时间以迎接第二天黎明的到来……

虽然在国家神庙之外，有许多供奉照料人类日常所需神灵并且对所有人开放的小神殿散布在埃及大地上，但虔诚的信徒们依旧希望能够有幸前往大神庙朝拜。

埃及诸神的神像平时在那些宏伟神庙中享用人间香火，可惜埃及平民没有资格随便进入神庙核心区域膜拜神像。

对于平民信徒而言，他们可以通过安放在神庙庭院外和大门前面的雕像接近众神。这些雕像无论描绘的是贵族、国王或是神灵，都可以将朝圣者的祈祷传递给神庙中栖息的神灵。那些特别虔诚的信徒可以进入建在神庙后墙边上的小神殿，这些神殿被称为“聆听”，其中摆设有国王和诸神的雕像，人们可以向雕像祈祷，神灵能够听到。那些宏伟神庙外墙上雕刻有描绘诸神的壁画，它们被雕刻在尽可能靠近圣殿的地方，人们向这些神圣画像祈祷，它们可以穿过神庙的墙把信徒心声传给对面神殿中的神灵。朝圣者还会将自己向神灵祈祷的心愿写在亚麻布条上，人们将布条紧紧缠在小木棍上，再将木棍塞进圣庙墙壁的泥砖墙缝隙里，或是投进神庙大门里或摆在门框上，这样神明也能看到写给他的信息。

只有在一些宗教节日里，大神庙中的神像才会被竖立在“圣船”中的壁龛里，由人抬着参加游行。游行时走在队伍前列的是拿着熏香的大祭司，其他祭司按照等级依次列队在后，再后面跟着的就是虔诚的埃及百姓——宗教节日期间全埃及都放假，参与活动的老百姓都由神庙免费供应吃喝，面包、啤酒、葡萄酒之类想吃多少吃多少，有时候还能得到饰品等赏赐的东西，换成你的话你会不去参与吗？

埃及各地对神像游行的规模各有不同，比较寒酸的如下埃及布特斯地区的敏神游行，这位执掌生产与收获的本地主神仅仅被放在四轮马车上草草转一圈了事。

作为相反的例子，在图坦卡蒙国王时期的底比斯奥佩节上，阿蒙神像被抬到卡纳克码头，坐着圣船前往卢克索神庙。其中阿蒙神像和图坦卡蒙国王专用一座大船，而穆特女神和孔苏的神像则乘坐另一艘船。圣船前进时由岸边的祭司和纤夫们拉着前进——能够有幸拉圣船可是埃及人的无比荣耀。

圣船前进时，河岸上的情景用中国式的描述来说是“锣鼓喧天，鞭炮齐鸣，红旗招展，人山人海”，用希罗多德的话来说是“女人挥动铃铛，男人吹箫奏笛，到处洋溢着热烈而欢快的节日气氛”。

在朝拜的人群中拥挤着从农夫、奴隶到官僚、士兵在内的社会各阶层人士，能歌善舞的人对着圣船献上歌舞，其他人则匍匐在地向国王和神灵朝拜。

船队抵达目的地后，祭司们抬着神像走向卢克索神庙。岸上早已宰好了六头作为祭品的牛，六位祭司扛着牛腿准备带往神庙。

国王和神像登陆了。

在音乐家祭司的伴奏声中，两名大祭司走在队伍前面，其中一人领路，另一人手捧熏香。紧接着是抬着阿蒙神像的队伍、抬着穆特神像和孔苏神像的队伍，当然还有图坦卡蒙国王自己——当时年轻的陛下，是可以自己走的。

游行队伍抵达卢克索神庙之后，图坦卡蒙国王作为埃及第一祭司亲自主持了盛大的献祭仪式。仪式结束之后，神像和国王顺流而下原路返回，结束了这场极为奢华和宏大的宗教庆典。

除了神像之外，象征神灵的神圣动物也是神灵享受人间香火供奉的一个渠道。

在崇拜鳄鱼的法尤姆地区，信徒们带着蜂蜜酒、肉和面包抵达饲养着神圣鳄鱼苏科的圣湖边。祭司们合力掰开这条被驯化的神圣鳄鱼的大嘴，信徒们供奉的食物被逐一塞进去，最后灌进美酒。鳄鱼老先生一仰脖子把美食咕噜一下咽下肚子，代表伟大的索贝克神接受了信徒的献祭，随后它跳进湖里游向对岸。

这时候轮到第二位献祭者了，祭司们收下信徒的祭品后赶到湖对岸，不顾苏科的感受，再度掰开它的嘴巴把仪式原封不动地重演一番——对于鳄鱼来说，虽然这是一个白吃白喝的铁饭碗，却不免有被热情信徒们撑死的危险……

祭司是与王权密切捆绑的特殊阶层，早期的祭司因国王的需要而存在，由国王直接任命。

埃及神话将国王宣扬为人间的荷鲁斯，因此王权和神权天然捆绑在一起。国王既然本身就是神的化身，那么他的政策和主张也就自然成为神意，所以祭司得以同时拥有神的仆人和国王代理人双重身份，这种角色使得祭司获得了极大的权力和优势。

如果我们抽象地观察埃及的祭司阶层，首先会发现他们基本都是知识分子。与中世纪的欧洲只有教士才受过教育一样，埃及在相当长的时期内祭司几乎垄断了知识。

埃及人认为象形文字是神的语言，所以只有祭司这种神的仆人才有权力掌握它。祭司是埃及最初的知识分子，医学、建筑学、文字学、

壁画中描绘了一支完整的送葬队伍

历史学、数学、天文学、工程学等知识都掌握在祭司的手中，祭司相当一段时间内是传承埃及文明的支柱力量。

神庙并不只是单纯的宗教场所，它不仅有自己的神庙地产和所属农田，还有寺庙学校、负责学术研究的图书馆和“生命之屋”、矿井、建筑队伍、雕塑队伍、纺织工坊等各个附属行业。古埃及的神学、天文、历法、法律、医学、建筑等知识基本都诞生在神庙中的图书馆和生命之屋中。

神庙庞大的体系决定了日常事务的繁杂，它采取了“倒班制”的管理运营制度。神庙的祭司分成四批，每月依次轮流主持寺庙工作。在每次倒班交接时，神庙的财产账目也都经过专业会计人员的清点核对。

因为祭司神圣的性质和地位，他们还在事实上获得了司法权力。在通常情况下，各地方长官会邀请高级祭司参与到当地重大案件审理中。埃及百姓也习惯带着家长里短鸡毛蒜皮的矛盾冲突直接找到神庙评理，因为平民不许进入神庙，所以祭司们会坐在神庙门口的凳子上聆听和处理这些小型诉讼，以至于后期埃及的文献中经常会提及“维

护正义的神庙之门”这一说法。

神庙还催生出戏剧表演的萌芽，在阿拜多斯等地的神庙门前会举行宗教性质的神话故事表演，最典型的就是关于奥西里斯神的各种传说。世界上最早的戏剧表演因此诞生，所以神庙催生出埃及戏剧，埃及戏剧又促进了希腊戏剧的出现和发展。

在介绍埃及历史的篇章中，我们反复强调国王依赖祭司的情况。而具体反映到埃及人的意识形态方面时，就凝聚成为“玛阿特原则”。

玛阿特女神执掌真理、正义和秩序，因此埃及的祭司以她的名义宣讲这个奴隶制国度中统治阶级的社会理想，解释权贵眼中的社会如何运作原则，规定埃及人心目中的金字塔形社会秩序蓝图：

金字塔的塔尖是国王兼埃及最高大祭司；

第二层是一人之下万人之上的维西尔，他有时也是大祭司；

第三层是地方贵族和祭司，他们分别负责具体的世俗事务和宗教事务，并且身份往往是重合的；

第四层是祭司之外唯一会读写的书吏和保卫埃及的职业士兵；

第五层是各种熟练工匠，他们包括各种专业工人和画家、雕塑家等等；

第六层是农夫和奴隶，埃及的农夫地位类同于农奴，而奴隶通常是战俘。

那么这种玛阿特结构在埃及社会真正实现了吗？答案是肯定的。

第十八王朝图特摩斯四世时代的军队书吏坦涅尼负责对上下埃及的人口和大小牲畜做了一次普查，在他的记录中提到了贵族之下的四种社会阶层：军人、祭司、王室农奴和工匠；而希罗多德则把埃及人分为七个等级：祭司、军人、牧牛人、牧猪人、商贩、翻译和舵手；罗马时期的戴奥多罗斯提出祭司、农民和工匠，以及祭司、军人、工匠、农民和牧人两种社会构成。

在埃及的几百个特权家族控制了最核心的社会财富——土地，他们中的绝大部分是贵族和高等祭司。权贵们赞同玛阿特原则代表的社会正义，正如人民期待“坚持玛阿特的官员是孤儿的父亲，寡妇的丈夫，离婚女人的兄弟”，但法律并不要求他们必须这么做，以《一个能言善辩的农夫》这个著名故事来看，埃及的贪官污吏们也的确不屑于这么做。

祭司们自然在谆谆教诲，让底层——尤其是作为金字塔基础的农夫和奴隶们遵守玛阿特原则，这就意味着奴隶安心做好奴隶，农夫安心做好农夫，大家在各自的阶层安分守己互不僭越。

王权和社会稳定得到维护的同时，祭司自然也就安稳处在优越的特权阶层——这就是第二中间期时的伊浦味祭司为何在纸草文献中怒喷起义者的原因了，因为那些不肯按照神的意志饿死的暴民，的确是破坏了安分守己的玛阿特原则……

国王扶植祭司阶层，以获取来自神权领域的支持。在王权的护佑下，祭司成了国王之下最有实力的社会阶层。在很多历史时期，祭司阶层超越压倒了王权，而软弱的国王却无能为力。

于是我们看到祭司积极维护王权带来了王权被神权深度捆绑甚至反噬的另一面，所以在埃及历史上会有如此多的国王出手对祭司的打压和对国家宗教的改革、对埃及神话的重新编写等行为——其中最为激进的就是埃赫那吞的那场宗教改革。

但传统埃及王朝的国王需要神庙体系神学理论的支撑，所以国王始终无法彻底压制祭司阶层。就算以拉美西斯大帝之强大，也不得不把大部分的对外战争战利品奉送给阿蒙 - 拉神的神庙。

在他当政期间，埃及全国神庙中有 10 万祭司，占埃及人口总数的三十分之一。神庙拥有牛羊 50 万头，祭司阶层的财产和神庙的土地享有免税权利，还享受着全国 169 个城市赋税的供养。

到了拉美西斯三世时代，每年要向全国的祭司和神庙奉献的金银和粮食达到失去控制的地步，以至于国王最后发现国库已经亏空，连给官员的俸禄都发不出来了。

当国王变成“负翁”的同时，仅阿蒙 - 拉神的祭司们占有了近万亩的土地，400 余处庄园，10 万头牛，65 座城镇，80 艘大型渡船，50 座工坊，以及 9 万余名奴隶和农民——这还没将其他神灵体系的神庙势力计算在内。

祭司阶层无休止地发展实力，这种膨胀的巨无霸势力最终对王权产生了直接威胁。埃及复杂庞大的神庙体系催生出“大祭司”或“第一先知”这种古代宗教领袖。其中尤以新王国时期，底比斯的阿蒙 -

拉神的大祭司势力发展最有代表性，这一系祭司贵族以其强大的势力动摇乃至篡夺了王权，开始了埃及新的统治时代。

## 人间荷鲁斯

埃及最南端，阿斯旺。

波光粼粼的尼罗河从宏伟的阿布·辛拜勒神庙前静静流过，一艘以羊头阿蒙神头像装饰船首的纸莎草御船正逐渐接近神庙。

赤裸上身的水手们默契地奋力划桨，河水的浪花飞溅在船桨上和他们肌肉发达的黝黑臂膀上。

御船上以四根圆柱搭起一个凉棚高台，法老和他的努比亚爱妃坐在御座上眺望神庙门口的巨大神像。四尊坐像高耸入云，仰望雕像之人会感受到神灵凝视自己时产生的巨大压迫感。

但法老却平静地注视着这些巨大的神像，因为他知道自己并非凡人，他逐一眺望着四座神像：阿蒙－拉、拉－哈拉凯悌、普塔神，最后一尊神像不是别人，正是法老自己——拉美西斯二世。

在古代埃及历史上，绝对的君主制几乎贯穿始终。宗教神话渗透到古埃及社会运转的每一个组成部分，对于宗教的顺从使得古埃及人思想深处被植入了令人难以置信的稳健和保守：国王不仅是国家的象征，是自己的父亲，更是荷鲁斯和拉神在世间的代表。

埃及神话中荷鲁斯与塞特争斗以荷鲁斯的彻底胜利而结束，于是他作为埃及的国王开始了为期 300 年的统治。

荷鲁斯并不是个宽宏大量的君主，他向塞特的支持者进行报复，摧毁了他们的诺姆和城市，大地淌满了鲜血。埃及大地上的塞特雕像被摧毁，每一处刻有他名字的痕迹都被清除。

荷鲁斯后来将埃及王位传给了图特，智慧之神的统治持续了 7726 年之久。图特又将王位传给了玛阿特女神，女神分别将王位传给了 11 个半人半神的英雄，这些被称为“不渴者”“岸边的土块”“高贵妇女的所有者”和“高贵妇女的保护者”的君王一共统治了埃及 7714 年。在半神之后进行统治的是代表埃及各个城市灵魂的精灵……历经漫长的岁月后，终于进入了人类国王统治埃及的时代。

每位国王在活着的时候就是荷鲁斯，他们坐在荷鲁斯的王座上，继承了盖伯的遗产。这些国王也是拉的儿子，是太阳神的人间代言人，他们维持埃及的稳定就如同拉神开创世界时所做的那样。

人间的国王被自己的人类母亲生育，他的神性通过举行加冕礼仪式而产生。当上下埃及的王冠戴在新任国王头上时，神圣王权的灵魂：国王的“卡”注入这个凡人的肉体中，令其脱离肉体凡胎获得重生，加冕后的国王不再是人类，他已步入神灵的行列。

埃及国王——人间的荷鲁斯究竟是怎样的一种定位呢？国王脱离了凡人的范畴，却又不是完全的神，他的地位低于真正的神明，却高于人类。他注定肩负着连接人类与神灵的精神纽带职责，为了埃及而取悦诸神，为了人类取得诸神的神圣恩赐。

国王终究会被自己的凡人肉体限制束缚，尽管他神圣伟大却依旧不能免于凡人所注定的生老病死的宿命，当国王逐渐衰老虚弱直至死亡，王权的灵魂便通过又一次加冕仪式进入下一任国王体内完成王权和神性的交接。

埃及的神话认为诸神、国王和普通人都在遥远的过去被一体创建出来，国王既然是荷鲁斯活着的化身，那么他便是神灵与凡人交流的中介，肩负维持世间万物秩序的职责。

在埃及，国王代表诸神与宇宙中的邪恶力量作战，他支持玛阿特精神，对抗邪恶的伊斯菲特。国王不会真死，他在人世间的死亡不过是从凡间返回到天上，从一个神的化身转化成另一个神的化身。

这一过程，起始于5000年之前。

约在公元前3400年前，尼罗河谷中出现了上下埃及这两个国家。其中上埃及在经济文化方面的优势明显，象形文字也诞生于上埃及。

在那个被称为前王朝的时代，埃及的原始宗教在文明形成和国家诞生的过程中起到推波助澜的关键作用。上下埃及信仰不同的神灵，其中上埃及的主要城市普遍信仰的神正是荷鲁斯。

正如我们在第一章介绍埃及历史进程时了解到的，上埃及的一位野心勃勃能力出众的贵族那尔迈，在前辈蝎子王的基础上通过血腥的征服战争一统上下埃及，成为古埃及时代的第一位国王，于是荷鲁斯崇拜与国王的权威也逐渐合二为一。

在古埃及，国王权威备受尊崇。既然国王被视为神，作为上下埃及唯一有权享受永生的人间神灵，神王的统治便不容置疑。

在上下埃及境内，国王所说的每一句话都是法律，正义意味着国王喜欢这样，罪恶意味着国王厌恶这样。

国王是埃及最高祭司，他负责土地繁荣、粮食丰收、尼罗河适度合理的泛滥和太阳的东升西降。他的加冕仪式在每年尼罗河泛滥之处进行，以象征他对河流的控制能力。

国王是最高统帅，他保护国境安全，驱逐一切入侵者，维护上下埃及的统一。

国王在法律层面上拥有上下埃及的一切财产，包括人民、土地、动植物乃至建筑物上的每一块砖，而国王触摸过的每一样东西，从王冠权杖到啤酒杯凉鞋都被赋予了魔法力量，并因为被国王使用而受到埃及人的尊崇。

国王的宫殿被称为“派尔－阿阿”，意思很直白，就是大房子——国王自然不能住在小窝棚里嘛。当这个词汇被希伯来文和希腊语辗转音译之后，就变成了流传至今带有许多梦幻色彩的名词“法老”。

后来法老成为对埃及国王尊称的时候，已经是帝国时代的埃及了。在此之前的3000多年里，它只是对宫殿的称呼罢了。

既然普天之下莫非王土，率土之滨莫非王臣，那么住在大房子里的国王每天过着怎样的生活，是勤政爱民事必躬亲还是酒池肉林荒淫无道呢?

从埃及的历史来看，国王们最擅长的或者说是埃及人最重视的，还是首席祭司这项有前途的工作。

埃及是个活在神话里的国度，国王每天把大量时间用在执行魔法程序和完成宗教仪式上。因为他是神灵的化身，如果他懈怠这项工作的话，那么无论上下埃及的其他祭司们如何努力都是无效的。从正面角度来讲，国王的百姓会将神灵保佑的风调雨顺归功于他；从负面角度而言，出了天灾人祸之后国王也要承担维持宇宙秩序不善的责任。

为了保证国王在执行宗教仪式时不出岔子，无论他身处上下埃及何处的派尔－阿阿当中，都随时有大群的职业官僚、祭司顾问、王室成员在那些奢侈壮丽的宫殿中围绕着他。

在很多情况下，国王的亲信、宫廷官员连同他们的家属和下属职员都居住在大房子里。所有人的生活开销都由国王负担，他们拥有普通人难以期望的奢侈生活待遇，并且可以在死后埋葬在国王坟墓附近，并享有亚麻、香脂、棺木材料、石碑等陪葬品供应。这一点是非常令人羡慕的，因为按照古王国时期的神学理论，这些人将作为国王的伙伴一同享受永生。

这些亲信享有身为国王朋友的至高荣誉，其中包括如下一些国家最高领导班子成员：王冠首饰的保管者（负责保管王室机密信息）和国王出席活动的邀请信签发者（负责管理国王言论机密）等等。此外还有国王服装主管，他负责监督手艺人、芳香油和软膏洗液的主管、国王假发的保管者、侍寝官等高级官员。每一级的官员都监督着自己下属，以此保障神圣国王的舒适生活。

与国王一同生活在大房子里的国王母亲被称为“伟大的国王母亲”，国王正妻被称为“伟大的国王妻子”，她们在神学理论上被认为与哈托尔女神关系密切，基本上也被视为女神的化身。

除了正妻之外，国王还拥有庞大后宫。到了帝国时期，后宫成员甚至多达数百个。虽然国王的正妻一般带有政治联姻属性，但国王可以按照自己的心意选择爱人成为国王最喜欢的妻子。如果国王的伟大妻子不能生育儿子，那么国王会在后宫中选择一个妻子的儿子立为王储，这时这位幸运的母亲不论出身如何会立刻升级为王后，成为伟大的国王妻子。

当国王年纪太小无法统治国家时，他的母亲或相当于母亲的女性长辈会以共治者身份辅佐国王。

不过在通常情况下，国王还是会立自己的儿子为王储，有些时候还会进一步将王储提升为共治王，父子二人一同治理国家。

埃及的王子们在理论上都有机会继承王位，在他们的父亲选择王储之前，他们被安排参加狩猎远征、军事比赛和运动竞技活动，从而令他们有机会表现出自己的特殊才能。不过就算自己的兄弟被立为王储也不要紧，身为王子总是不用为出路发愁的，他们从小受到神学、军事、天文、数学、工程和建筑等方面的教育，可以在高级官员或祭司岗位上找到出路。

至于王储，为了保证王室血统纯正，他会被安排与自己的姐妹或堂姐妹结婚，这种婚姻也是为了纪念伟大的奥西里斯神与妹妹伊西丝女神的神圣关系。

万一国王没有儿子，那就只好找个赘婿上门了——埃及传统上会在高级官员中寻找王位继承者，并且他必须与国王的公主结婚。

虽然王权无比神圣，但正如我们在介绍祭司与国王的篇章中指出的那样，过于依赖神权，往往导致祭司贵族阶层尾大不掉甚至反噬国王。毕竟不是每一位埃及国王都有拉美西斯二世那样的雄才伟略，能够把神权和王权都玩弄于股掌之间，甚至将自己打造成神。所以历代国王尽管自视为人间荷鲁斯，却又都试图限制神权。于是在古代埃及历史上，终于酝酿出一场著名的宗教改革。

新王国时期的古埃及正值光辉灿烂的帝国时代，法老伊蒙霍特普三世之子伊蒙霍特普四世继位不久，忽然为自己改名为埃赫那吞。这个举动具有深远的宗教和政治意义，表现出王权与神权的决裂：伊蒙霍特普的意思是“阿蒙所满意的”，这个名字表明国王倾向于当时传统的阿蒙—拉神祭司集团；埃赫那吞的意思变成了“阿吞的光辉”，既然新任国王力推新的阿吞神概念，分明是与旧宗教集团决裂了！

埃赫那吞为了在意识形态上另起炉灶压制旧祭司集团，在执政第五年颁布命令将阿吞作为埃及帝国唯一的官方神灵，并且禁止其他所有神的崇拜。

这些上下埃及所有做祭司这个行当的老少爷们、大姑娘小媳妇都傻了眼——纳尼？这是个什么情况……毕竟在埃及已经度过的 3000 多年历史中，还从来未出现过一神教这件事。

要说陛下虔诚无比的话，恐怕也难以服众。因为在一开始埃赫那吞是想利用太阳神拉来对抗阿蒙神的，他提出阿蒙神不是最高的神，古王国的拉神才是最高的神，又在底比斯建造了拉的神庙，并宣布自己是拉神的最高祭司。

因为这一做法遭到阿蒙－拉祭司集团的强烈反对，所以碰壁之后的埃赫那吞索性创立了一个崇拜“阿吞”的一神教。

既然伟大的国王陛下禁止信仰阿蒙神和其他地方神，只允许信仰宇宙间唯一的太阳神阿吞，那么原来势力庞大的阿蒙系信仰自然成了邪教异端。

埃赫那吞关闭了阿蒙系神庙，没收了庙产——也就是抢走了祭司们的钱袋子，还抹掉了所有公共场所和神庙墙壁上的阿蒙字样，并按照传统做法刻上阿吞。

一时间埃及帝国内部鸡飞狗跳，后世的历史学家将这场激进的宗教改革称为阿玛尔纳时代。

阿玛尔纳是现代埃及的一个地区，位于底比斯以北 300 公里处。这个地方，曾是宗教改革期间埃及帝国的首都埃赫那吞，意为“阿吞的地平线”，在遗址出土的界碑铭文上刻着“神为他自己挑选了这块土地”。

从地形上看，此地是一片新月状平原，特别像象形文字中的“地平线”一字，这可能就是埃赫那吞选择它作为新都所在地的原因。

埃赫那吞城长约 10 公里，东西约 5 公里，总面积 290 平方公里。带状的城区沿尼罗河东岸延伸，中心部分集中在临近尼罗河之处。

这座城中有“大神庙”，即阿吞神庙；“大宫殿”，即政府所在地。埃赫那吞及王室成员的住所与大宫殿只有一桥之隔，在埃赫那吞居所附近有一所“文献室”。1887 年，就在这里发现了前面提到的“阿玛尔纳书信”。

在阿吞一神教的意识形态下，国王和神的关系发生了质变。以前的国王是有神性的拉之子与人间荷鲁斯，但现在不是了——国王跟阿吞神相比微不足道。

正是基于这种思想，埃赫那吞城中的雕塑等艺术品表现手法与埃及其余年代的刻板形象截然不同，它强调艺术要真实地描写人及其周围的世界，被称为阿玛尔纳艺术形式，著名的《埃赫那吞像》和《涅菲尔提提王后像》便是其中的代表作。

埃赫那吞所鼓励的阿玛尔纳艺术还包括文学，他命人编写了《阿吞颂歌》，极力赞颂伟大的太阳神阿吞，这首感情真挚的赞美诗深刻影响了《圣经·旧约》中赞颂“耶和华”神的诗篇。

诗中写道：

黎明时，您从天边升起。

你，阿吞神！在白天照耀着。

你赶跑了黑暗，放出光芒，上下埃及每天都在欢乐。

人们苏醒了，站起来了，是你使他们站起来的。

他们洗了身子，穿了衣服，高举双臂来欢迎你。

在世界各地，人们劳动了，野兽吃饱了，树木花草盛开了，鸟从巢里飞了出来，展开了翅翼赞仰您！

黎明破晓，天边的地平线奇美无比。

噢！朝气蓬勃的阿顿，生命的初始。

当你从东方的地平线升起，

每一寸土地都洋溢着绮丽。

你很美，伟大，闪闪发光，高悬天空。

你的光芒笼罩大地，惠泽你创造的一切。

他们是瑞神，他们都被你征服，你用爱羁绊他们。

虽然你很遥远，但你的光芒遍洒大地；

虽然你高高在上，但你走过的地方永远是白天。

虽然埃赫那吞城在艺术上有了突破，但它在政治上和宗教上都是一个自娱自乐的产物。埃赫那吞下令在其他地区也要建立阿吞神庙，并且帝国的上层阶级已经识相地皈依阿吞神。但在上下埃及的每个家庭中，人们还是默默地向自己信仰的传统神灵祈祷。

阿吞神根本就是埃赫那吞个人强推的一个偶像，除了王室家庭内部之外，他没有在大多数埃及人的信仰当中获得崇拜。

一开始被打蒙了的阿蒙祭司们很快醒过神来，他们利用传统宗教观念煽动底层人民起来反对宗教改革。最初支持埃赫那吞改革的军人和中小奴隶主贵族希望能趁机捞一票，没想到埃赫那吞根本无意对外扩张，不打仗这些人就失去了财富来源，于是也对国王怨声载道。

很快，叛乱和政变的阴谋在帝国内部酝酿。

埃赫那吞的维西尔阿伊奔走于埃赫那吞和底比斯之间，试图斡旋国王和祭司们之间的关系。底比斯的阿蒙神祭司一步也不愿意离开这座圣城，也绝不肯皈依阿吞神。下埃及的将军郝列姆赫布则驻扎在孟菲斯观望局势。

在埃赫那吞统治的第十二年，他的家庭内部也出现了变故。

王后涅菲尔提提的名字含义是“迎面而来的美女”，这位被誉为埃及最美王后的女子与自己的六个女儿一起住在王宫中。但就在这一年中，涅菲尔提提忽然消失了。后世推测王后可能死于那年发生的一场瘟疫，也可能是因为生不出儿子而失宠。

埃赫那吞后来至少娶了他的一个女儿，但始终没有关于他生出儿子的确凿记录。

在埃赫那吞统治的第十七年，这位顽固坚持宗教改革的国王去世了。

底比斯的祭司集团立刻开始反攻倒算，埃赫那吞的党徒有几千人被杀掉，剩下的人四散奔逃。有一种说法认为，《圣经》里《出埃及记》的故事，就是阿吞神信徒从埃及逃到以色列的故事。

埃赫那吞城被彻底放弃，很快蜕变成为荒漠。

充满创造力和生命力的阿玛尔纳艺术被扼杀了，埃及帝国回到了循规蹈矩的正道上。

埃赫那吞的继承者是年幼的图坦卡吞，这位年仅 8 岁的小国王被认为可能是埃赫那吞的女婿或其侄子。不过依据最新的 DNA 鉴定结果，图坦卡吞是埃赫那吞与自己的亲姐妹所生的孩子。

图坦卡吞很快将自己的名字改为图坦卡蒙，并将首都迁回底比斯。很可能是旧祭司贵族借这个孩子的手拆毁了阿吞神庙，抹去了建筑物上埃赫那吞和涅菲尔提提的名字，阿蒙－拉神再度降临埃及帝国，宗教改革失败了。

埃赫那吞是埃及历史上最令人感兴趣的一位国王，他特立独行的一神教改革引起了许多研究者对这位国王精神状况和身体状态的强烈兴趣。阿吞信仰是已知的世界上第一种一神教，它与后来出现于中东的几种一神教之间的关系令人遐想。

后世最有脑洞的假设来自精神分析学派的创始人弗洛伊德，他根据摩西的名字与许多国王名字中“摩斯”音节相近这一点，认为摩西就是埃及人，而且与埃赫那吞存在某种关系。

摩斯在埃及语里有儿子之意，往往跟在某位神灵的名字后面构成人名。弗洛伊德据此推断《圣经·旧约》中的摩西名字是不完整的，其原始形式很可能是“阿吞摩斯”——他可能是忠于埃赫那吞新宗教的官员，甚至可能是国王的儿子。

“异端”埃赫那吞的宗教改革虽然失败了，但这场国王与祭司之间的斗争并未结束。这是一场漫长的角逐，整个过程持续 3000 年之久，直到希腊人统治时期才终于得以解决。

对于外部世界而言，最后统治古代埃及的托勒密王室是毋庸置疑的希腊人，历代国王的形象出现在钱币上时，他们穿着典型的希腊服饰。但在埃及内部的绘画和雕像上面，他们穿着古埃及法老的传统服饰。

这是一种堂而皇之的两面派手法，在托勒密一世还未戴上王冠的时候便开始了。不过，欲取先予的他首先迈出了希腊人埃及化的一步：

托勒密在就任埃及总督的时候，总结了埃及文化的特点和埃及人的思维方式，认定至少在名义上接受埃及的宗教信仰和风俗习惯，才能实现长治久安。

换而言之，像亚述或者波斯人那样立块石碑吹嘘自己是埃及之主是不够的，你要想做埃及人的王，就必须将自己打造成神——实际上这是成功统治埃及的一切君王都验证过的事情。

公元前 311 年的一块“总督碑”上记录了如此一段与历代法老宣示王权几乎毫无差异的铭文：

“我托勒密，埃及总督，把自己交给荷鲁斯。

我把帕和泰坡两地的女神潘太努特的领地布陀交还给荷鲁斯；

从今天开始直到永远，我拥有埃及的所有村庄、城镇、居民和土地。”

托勒密一世开启的造神运动一直持续到王朝结束，尤其是在彰显国王神性的王名头衔方面达到了登峰造极的地步。

我们在前面介绍过埃及国王有五个王名，这五个王名可以简称为：荷鲁斯、两女神、金荷鲁斯、上下埃及之王和拉之子，历代国王都在这个范畴内做点符合自己心意的小变化。

对浮夸的拉美西斯大帝而言，他的荷鲁斯名：被玛阿特女神宠爱的强壮公牛；两女神名：击退入侵者的埃及保护者；金荷鲁斯名：被公正强大的拉神选中之人；上下埃及之王名：玛阿特女神是强大的；出生之名：拉神所生的人。

在这一点上，亚历山大大帝和托勒密一世的头衔都比较合规合矩，托勒密二世则稍显长，从托勒密三世开始完全失控。例如托勒密五世的名字是这样的：在赞美声中出现在父亲王座上的年轻人；他是英勇的大人，他已经重建了两土地并使可爱的土地完整，他的心对诸神是虔诚的；他已经改善了埃及人的生活，他是像普塔神一样的喜庆节日的主人和像拉神一样的君主；爱其神父之神的继承者，普塔神所选择者，拉神的卡的力量拥有者，阿蒙神的活的形象表现者；永生者托勒密是被普塔神钟爱的，他如神一般，他是埃及仁慈的主人。

如此夸张的头衔说明托勒密王朝对人格神化的重视，但这种不符合常规的王名也表明了他们的心虚——俗话说缺什么吆喝什么，托勒密王朝头衔的潜台词无非就是：埃及的老乡们，快来信我吧！我真的是拉神的儿子，我真的是人间的荷鲁斯……

托勒密王朝的国王一方面将自己打造成埃及的神，另一方面借助神化的形象来巩固王权。他们很清楚埃及历史上神权反复干扰王权的危害，许多颇有作为的埃及国王都不得不向阿蒙－拉的祭司集团输送经济利益和政治特权，这也是激起埃赫那吞宗教改革的一大原因。

托勒密一世显然不打算延续埃及历史上王权向神权让步的惯例，同时也不希望自己重蹈埃赫那吞的覆辙。他对这个问题给出的答案是法老不仅做名义上的最高祭司，还改革古埃及的宗教信仰，创造新的神灵体系，彻底控制传统的宗教势力。

托勒密一世仍然允许埃及传统的多神崇拜，毕竟他的王权神性直接源于对埃及神话的应用，所以保持传统埃及宗教是其根本性的宗教制度；同时，托勒密一世创立了全新的国教——萨拉匹斯神崇拜，在埃及固有的顽固迷信传统和官方政策大力扶持之下，这种新宗教获得了很大的发展。

男性人形的萨拉匹斯神是托勒密王朝的保护神，他是埃及传统神和希腊神的认同合一。其崇拜中心在亚历山大城和孟菲斯地区，两地都有这位神灵的大型神庙，与此同时其神庙也遍及上下埃及。

古罗马历史学家塔西陀认为萨拉匹斯神的原型是美索不达米亚七大神祇之一的水神恩基，这位神灵善良正直乐于助人，是美索不达米亚地区传统中的完美男性形象，也是最受欢迎的神祇之一。在最早开始崇拜他的苏美尔人语言中，恩基这个名字可以引申出“高级祭司和国王”的意思；在巴比伦语言中，这个名字带有“生命”的含义。

现代学者一般认为萨拉匹斯来自埃及的奥索拉匹斯神，是冥界之神奥西里斯神和孟菲斯地方保护神阿匹斯神相结合的产物——这一点与阿蒙－拉的出现类似。萨拉匹斯神并不是托勒密一世的发明，他是早已存在于古代埃及的神灵。

萨拉匹斯代表的复活重生、农业丰收等含义，与希腊神话中几位主要神灵功能对应，也能满足希腊人的宗教情感，并且又是埃及人自己的神灵。所以，托勒密王朝选择他作为国家的保护神进行崇拜，又不禁止埃及人对其他神灵的崇拜，令这个国度的上层和下层皆大欢喜。

托勒密王朝掌握了埃及祭司的任命权力，国王将自己变作了昔日的底比斯大祭司——国王，自己做宗教领袖直接控制祭司群体。通过对神庙祭司的任命、召开神庙会议、派官员对神庙进行行政管理，这些希腊统治者掌握了神庙和祭司集团的命运。

每一位国王登基时都要任命一个直属自己的大祭司，埃及每年召开一次国王主持的最高宗教会议，各地的祭司首领向国王汇报各地神庙和祭司的状况，一来彰显了希腊裔法老的宗教首领地位；二来也能切实解决一些宗教方面的现实性问题。

至少到托勒密第五世，祭司集团会议每年召开一次，国王任主席。召开会议的目的有两个，一是强化国王作为神庙或者宗教首领的事实；二是了解神庙和祭司的情况，解决一些现实问题。

托勒密王朝对各地神庙的控制非常严密，除了依靠自己在登基时任命的大祭司，地方神庙的各级祭司和各级地方官吏都有代替国王管理宗教事务的义务，每一个诺姆，每一个城市，每一个村庄中的大小官员们对辖区神庙和宗教状况严密监控，防止任何威胁到法老权威的事情发生。事实上托勒密王朝在宗教方面直接管理到老百姓头上，很多国王都曾以赦令形式规定埃及人的宗教仪式，细致到祭祀的场所，祭品的品种，祭坛的建筑方式，参加宗教仪式的时间、地点和授权形式等等。

在托勒密时代，人们将祭司称呼为兄妹神的祭司、仁慈者神的祭司，这些都是象征国王与王后的神灵，埃及的主流祭司已经是国王的祭司。与此同时阿蒙－拉神的祭司选择了低调，伊西丝的祭司则请愿国王救助他们免受地方官员的迫害，宗教领域内的势力版图已经出现了巨大的改变。

托勒密王朝的统治者对于埃及国王本来就有的首席祭司职责也做到尽职尽责，他们恢复了古老的传统，以身作则履行各种古老的宗教仪式，按照埃及传统试行魔法以作为全国各级祭司的表率，毕竟按照传统，如果国王懈怠的话，其他祭司的努力也是无用功。

例如托勒密二世主持的纪念托勒密一世的宗教大游行中，这位国王走在队伍的中间，前面是由祭司们抬着神灵雕像，其中托勒密一世和王后的雕像被称为索塔尔，国王后面是众大臣、地方代表、地方神庙的祭司、米利都等附属国的代表以及这些大臣、代表、祭司们奉献的祭品。托勒密二世作为国王、神以及最高祭司主持仪式的整个过程，这种对宗教职责的坚持不懈一直持续到王朝结束。

经过如此的宗教改革之后，托勒密王朝的王权始终没有被神权左右过，祭司集团彻底失去了古代埃及传统上的独立性，它们沦为国王的统治工具。这是从中王国时期开始的历代国王所期望的理想局面：王权彻底压制了神权。

这是古代埃及国王或者说法老们梦寐以求的理想，但这种听起来近乎完美的王权结构只持续了不到 300 年，古埃及便随着埃及艳后的死去而烟消云散……

## 好男要当兵

在中国历来有“好男不当兵”之说，很多朝代中充军流放是略低于死刑的严重惩罚。在埃及身为军人可是相当扬眉吐气的，纵然土著埃及人天生就不适合做战士，这并不妨碍他们的社会地位远高于中国的同行。

优越封闭的生存环境使得埃及人对战争缺乏兴趣，他们宁愿集中人力物力建立大金字塔，也不愿越过沙漠征服红土地上的外国人。前面我们已经提到过埃及人不愿离开家乡，害怕自己死在异国土地上时会因为得不到符合埃及宗教信仰要求的葬礼而无法永生，所以在很长时间里埃及军队都是临时拼凑的乌合之众，他们使用的大部分武器都是由狩猎工具演变而来的，唯一让外国人留下深刻印象的是新王国时期的凯普什短剑，这种形似公牛腿的弯曲武器经常作为法老的武器出现在壁画和雕塑上。

既然老百姓不愿意当兵，国王只好雇用外国人从军。在古王国时期，来自努比亚的黑蜀黍就充当着警察和常备军二合一的角色。埃及人将努比亚人组成的警察部队称之为“麦德查”，这些黑警察忠诚地守卫着国王的宫殿、祭司的神庙和埃及各地的坟墓，他们冷酷无情地执行法律惩罚罪犯，令埃及人为之胆寒。

埃及所有的审判都是以国王的名义做出的，尤其是死刑都要经过国王的许可。各级埃及司法官僚在做出判决时都非常迅速，处罚也被迅速执行。埃及人没有律师也不必长期坐牢，他们的监狱只是待决犯的看守所，以及储存司法案卷的仓库。埃及的官僚机构认为长期关押犯人是昂贵并且没有意义的行为，如果一个人犯了很重的罪，为何不立刻给他严厉的惩罚呢？

于是埃及的重犯经常会失去自己的鼻子或耳朵——有时候会“好

事成双”一起失去。他们被流放到边境要塞或者努比亚矿山、尼罗河边的采石场做苦力来赎罪。对那些较轻的犯罪行为人一般立即会予以鞭挞惩罚，有时候整个家族都会因为一个成员的犯罪而集体受惩罚。

虽然麦德查黑蜀黍经常担任鞭挞者，但是埃及最残酷的死刑却不是由他们执行的。对于大逆不道杀害父母的罪犯，会被投入池塘被尼罗鳄生吞活剥。当然有时候仁慈的国王会允许罪犯自杀，以免遭到这种残酷的折磨。

中王国及其之前时期的埃及军队几乎是纯粹的步兵，他们分成新兵和老兵两个团。到了新王国时期，埃及军队以 5000 人左右的军团为单位，其中包括步兵团和战车团，它们以神之名命名。拉美西斯二世大战卡叠什的时候率领的就是以拉、阿蒙、塞特、普塔四位神灵名字命名的军团，但是他们的战斗力明显对不起自己拥有的名字……

公元前 1275 年 4 月，拉美西斯二世率军进攻赫梯国王穆瓦塔里什控制的古叙利亚重镇卡叠什。拉美西斯二世率领着 2 万士兵和 200 辆战车，穆瓦塔里什则有 1 万名士兵和 3500 多辆战车。

在埃及充斥着赫梯间谍，拉美西斯二世的军队还没开拔，关于他的军队详情和进军路线便已传到穆瓦塔里什的耳朵里。

赫梯国王为远道而来的埃及朋友安排了一个陷阱：在靠近奥龙特河的地方，埃及军队遇到了两名贝都因牧民打扮的赫梯人，这两人宣称穆瓦塔里什的部队已经逃离卡叠什城，法老可以轻而易举地拿下城池。

拉美西斯二世大喜过望，他冒失地率领先头部队来到靠近卡叠什城的平原地带宿营。看着埃及军队中计前来，穆瓦塔里什决定再派两名探子侦察一下。这次他的探子被埃及人抓了个正着，在酷刑拷打之下两个探子吐露了实情。拉美西斯二世一拍大腿说“赶紧撤”，可为时已晚——赫梯人突然发起进攻，措手不及的埃及军队溃不成军。

眼看着拉美西斯二世就要在当俘虏和光荣阵亡之间二选一的时候，有两件出乎意料的事救了他：首先赫梯大兵们基本上等于是土匪，他们在攻进埃及营地后不追歼敌军却忙着抢夺财物；其次是法老的后续部队腿脚出奇地快，这时候已经赶过来了。

这场卡叠什战役最后达成了对峙局面，由于国内发生叛乱，穆瓦塔里什被迫提出议和。实际上古埃及损失巨大，他们被消灭了 5000 人之多，而赫梯人只不过是损失了不少战车而已。可是了解舆论宣传阵地重要性的拉美西斯二世可不简单，他命令手下把这场战役鼓吹成一次伟大的胜利。于是古埃及的每个神庙中都有歌颂卡叠什“大捷”的雕塑，在著名的阿布·辛拜勒神庙描绘卡叠什之战的浮雕中，拉美西斯二世伸出四只手臂驾车飞奔，他宣称其中两条是古埃及的主神阿蒙神的，这证明诸神永远站在伟大的法老这边。

虽说卡叠什战役有了个可笑的结局，不过它也留下了一个创纪录的副产品——六年后穆瓦塔里什去世，即位的阿图西里什与拉美西斯二世签订了人类历史上最早的国际条约。条约规定：双方实现永久和平，“永远不再发生敌对”，永远保持“美好的和平和美好的兄弟关系”；双方实行军事互助，共同防御任何入侵之敌；双方承诺不得接纳对方的逃亡者，并有引渡逃亡者义务。这就是世界历史上最早的和平条约和引渡条例。

条约签订后，阿图西里什还采取和亲政策，将自己的长女嫁给拉美西斯二世。后来发现于埃及卡纳克神庙墙上的一幅雕刻，就描绘了当时埃及法老迎娶赫梯公主的情景。

新王国时期埃及军队的一大特点是将战俘大量编入步兵团中做炮灰使用，但由于为国王打仗能换来自由，外国战俘还是愿意参加埃及军队的。例如在上述卡叠什战役中，埃及军队中就有大量战俘转化的佣兵参战。

埃及军团中最低级的军官被称为“五十人中的最强者”，往上是“百人指挥官”，再往上分别是统领200人的“掌旗官”和统领250人的“军事指挥官”，最上层是军团统帅。

军团之上依次是“军队指挥”和“卫戍部队指挥”，再往上就是分别执掌上下埃及的两位“军区指挥”，掌管南北两大军区的是老资格的军事行政长官“副总指挥”，他的上面就是直接向国王负责的“军队总指挥”。

埃及军队的最高指挥官是国王，按照传统，国王在维西尔的辅佐下直接率军进行重大战争。王子和将军则参与规模较小的战役和远征。

关于埃及王族统领军队对外作战的情况在第一章介绍过不少，除了战争之外，埃及军队还有个重要作用，那就是为国王组织的体育活动捧场。

在埃及有个古老的传统：国王在他统治满30年的塞德节上，当众跑步向人们展示他强健的体魄，以证明他还能有精力来继续维持自己的统治。同时在这个神圣的节日中，法老通过仪式性的运动能够重新恢复之前的体魄和精力。

第一届塞德节之后，按规矩要每三年举行一次，如果国王不能完成这项运动则需要退位让贤，所以上了年纪的法老要以更多的机会向人们展示他依旧拥有管理国家的体魄和精力，因此很早埃及统治者就形成了塞德节跑步的传统。

当然，这是国王一个人的表演赛，除了有时候会让阿匹斯圣牛之类的动物嘉宾一并出场之外，绝不会允许有其他人类选手一并参赛。以第三王朝佐塞王的塞德节运动场来看，国王跑步的跑道大约只有55米。这种跑步显然是仪式性的，如果国王不是身体素质太差的话应该应付得来。

也许是受到塞德节跑步的启发，到了第二十五王朝的时候，黑蜀黍法老塔哈尔卡曾经组织过一场从首都孟菲斯穿过沙漠到达法尤姆然后再跑回孟菲斯的比赛，全程50公里，时间限定在一晚上，获胜者会得到很大的荣誉和奖励。我们必须承认古埃及人很适应沙漠环境，但参加这种作死大赛的危险性一样不容低估。

塔哈尔卡面临着亚述入侵的威胁，这也许是他组织这种带有明显战备训练色彩比赛的原因。

相对于沙漠越野赛跑来说，射箭比赛才是埃及军人更为正常也更为频繁进行的体育运动。

图特摩斯三世时期的厄尔门特神庙石碑上记述了埃及军队神箭手射箭的情况："他向着铜板射箭，因为他射穿木板就像射穿莎草纸一样轻而易举。国王在阿蒙神庙为他准备了一个三指厚的铜板作为箭靶，但他的箭钉在了铜板上。于是国王再次让他射穿这块铜板，以此作为后代学习勇武和力量的好榜样。这件事是真的，一点也不假，看一下全军弓箭手的水平，我们就知道这一点也不夸张。"

在射箭之外，埃及的军人还进行摔跤、棒击和拳击比赛，这也是当时军事训练的一部分。这三项运动在 5000 年前就出现在埃及，一开始的时候这些搏击都以置对方于死地为结果，随着时代发展出现了各种保护措施和比赛规则，讲究点到即止。

在记录古埃及体育运动的遗迹遗物中，尤以摔跤的出镜率高。从史前埃及到新王国结束的漫长时间里，有无数的浮雕壁画描绘了埃及摔跤运动。其中最早的摔跤画面发现于早王朝时期的一个调色板上，画面上的比赛双方是荷鲁斯和塞特，这两位大神居然以摔跤的方式来解决杀父之仇和夺权之恨。

中王国时期的摔跤已经成为士兵训练的项目之一，摔跤手们上身赤裸，下身穿短衣，腿上绑着鸡毛，他们伸手去抓对方的任何部位都不算犯规。

在埃及步入帝国时代后，国王的士兵与外国朝贡使者随从的摔跤比赛，成为法老接受进贡时必定要上演的节目。在描述埃赫那吞登基时邻国苏丹进贡祝贺的壁画中，苏丹的使团入乡随俗，在自己的护卫士兵中选出四个人与埃及士兵进行摔跤比赛。结果埃及人获胜，他们的摔跤手喜悦地举起胳膊欢呼，苏丹人则愤恨地躺在地上号叫。

因为埃及人在摔跤上有很强的自信，所以帝国时代的外国外交官被强制观看摔跤比赛，甚至作为摔跤裁判，目睹自己同胞失败出丑的场面。

除了这些传统项目之外，埃及的士兵们还会按照国王的任何喜好参加竞赛取悦君王。第十八王朝时期曾有一批士兵被破格提拔成为军官，原因不是他们作战骁勇屡建功勋，而是因为他们作为伊蒙霍特普二世的桨手在划船比赛中获胜……

到了古代埃及的尾声——希腊裔的托勒密王朝统治时期，埃及本土历经战火和异族蹂躏已经残破不堪，可以说由托勒密一世所开创的第三十二王朝继承了一个濒临破产的国度。

对于托勒密一世而言，埃及是他“用长矛征服的土地”。他有长矛，亚历山大大帝的其他部将自然也有长矛，纵然托勒密一世通过卓越的政治和外交手段占有了埃及，但仍不能避免他的王朝自一开始便处于昔日同僚的进攻当中。

国家安全是托勒密王朝首先要解决的问题，然而我们从过往的历史中可以看出，经过长期衰弱之后的本土埃及军队可谓标准的“战五渣”……

和以往的埃及国王一样，托勒密一世从没幻想过依靠埃及人来保卫埃及——托勒密王朝的战斗力由职业军和雇佣军来保证。

职业军是托勒密一世在将军时代率领的马其顿士兵，这些嫡系老兵的战斗力毋庸置疑——他们曾跟随亚历山大大帝征服了大半个已知的文明世界。不过忠诚可靠的职业军数量不多，他们充当了世代为兵享有特权的王室卫队。

雇佣军的来源五花八门，主要来自希腊各城邦、马其顿和小亚细亚地区，他们在托勒密王朝诞生之前就在埃及长期存在了。希腊雇佣军在古代地中海世界拥有堪比瑞士卫队的口碑，他们从公元前1000年前便已出现，这些只认钱不认人的亡命徒尽忠职守，他们曾在希腊城邦争霸中彼此厮杀，他们曾跟随波斯大军入侵故乡希腊，他们曾与埃及起义者一起围攻波斯驻军，他们曾在波斯总督指挥下

与外国使者比赛摔跤的埃及士兵

残酷镇压埃及起义者——希腊人自己都将希腊雇佣兵称之为“蝗虫”，因为他们不怕报应连供奉希腊神灵神庙都能下手屠杀抢劫，就更别提埃及人的遭遇了……甚至在亚历山大大帝与波斯帝国决战时，大流士三世手下依旧有4万余人的希腊雇佣兵毫不留情地“和东方的敌人一起打自己人”。

在托勒密王朝创立初期，以希腊裔为主的雇佣兵构成了埃及军队的核心力量，本土埃及人只占军队的很少比例。但随着时间推移，埃及军队中的埃及人和利比亚人逐渐增加到占三分之一比例。

要保证这样一支军队的军心和忠诚，显然一靠丰厚的军饷，二靠退役后的待遇——还是要花钱。托勒密一世显然变不出这么多钱来，他想出了一个延期付款的好主意：分地。

古埃及经济以农业为核心，土地是埃及的经济基础，是埃及人的生存之本。土地意味着收成，意味着稳定的收入，意味着退役后的生活，意味着家庭的生存，意味着士兵的利益与埃及的安全牢牢捆绑在一起。

但从哪里获取如此多的土地来分配给士兵呢？虽然埃及的全部土地在传统观念上都属于国王，但贸然将其从原有控制者手中剥夺必定会激起大规模反抗。

更为棘手的是，从亚历山大时代开始，大批希腊移民涌入埃及，这些人中有来自雅典等希腊城邦的公民，也有很多马其顿王国的子民。虽然希腊人留给后世的印象大多集中在睿智的学者和无畏的英雄上面，但抵达埃及的希腊移民毫无疑问是为了寻找生存机会才会到来，他们中的绝大部分成员一无所有，都指望能在埃及获取土地改变命运。埃及人自己当然也不是将手中土地拱手让出的洋雷锋，如何解决土地资源分配就成为一件头等大事。

于是从托勒密一世开始，第三十二王朝持续对埃及进行农业开发，开发重点是传统的埃及鱼米之乡：法尤姆。法尤姆地区具有得天独厚的自然条件和开发潜力，埃及的统治者自第十二王朝的阿蒙尼姆赫特一世开始，便持续在此地进行大规模的土地疏浚和产业开发。

在20世纪，英国埃及学家皮特里在埃及古罗布和卡宏等地发现了大批纸草文献。其中记载了托勒密王朝对法尤姆的农业开发事业：始于托勒密一世在塔布突尼斯重建了第十二王朝的一个神庙，终于法尤姆的一个希腊人代替克娄巴特拉七世向地方保护神鳄鱼神奉献了一块石碑。

托勒密王朝在法尤姆的农业开发是一项长期而坚定的事业，首席财政大臣直接负责法尤姆的农业开发事宜，他负责调派专业工程师负责滨湖洼地的农田水利建设和管理。历任国王也多次亲临法尤姆督察开发进度，文献中记载了托勒密二世在他统治的第三十二年视察法尤姆时，严厉训斥渎职的工程师克里昂。

在托勒密王朝举全国之力打造下，法尤姆地区建立起埃及版的“都江堰”灌溉网络：劳工们在湖泊绿洲之间修建了40公里长的水渠，并在尼罗河与法尤姆相交处修建复杂的防洪水道，根据尼罗河水位高低调节流入法尤姆的水量。托勒密王朝还在中王国水渠的基础上进行扩建，以便将泛滥季节过后法尤姆地区过多的洪水排入尼罗河。法尤姆内部的莫伊利斯湖被一条条辐射状水渠引入农田，保证在干旱季节也有充足水源进行灌溉。这种内外结合的复合型灌溉系统，使得法尤姆克服了几千年来的尼罗河泛滥魔咒，从此不管尼罗河水位高低如何，这里都是埃及的粮仓。

在保障了灌溉的同时，托勒密王朝在哈瓦拉修建水闸限制尼罗河洪水流入法尤姆的莫伊利斯湖。在干旱的沙漠气候条件下，莫伊利斯湖的湖水从中王国时期的 17.5 米深迅速蒸发到公元前 200 年左右的 2—4 米深。围湖造田制造出大片肥沃的土地，解决了人多地少的困境。

万事俱备，只欠种田——那么士兵们，发工资的时候到了！

向士兵分配土地并不是托勒密的独创招数，早在第二十六王朝时期，舍易斯国王们就开始把土地分给埃及本土士兵，这些士兵无论是否正在服役都有权得到份地，但这些土地要交替着耕种，并不是长久属于某一个人的。

托勒密一世的分配模式更类似中国古代的屯田制度，这是一套结合农业开拓、老兵安置和武装殖民的三合一处理系统。

首先，国王分给士兵的土地基本上都是待开垦的荒地，士兵要想获利就必须自己或雇人开荒。没人愿意让自己的土地撂荒，所以开发出来的土地就得到了开垦的保障，国家也会产生持续的税收。

此外，职业军和雇佣军的土地都被安排在特定区域。分配时按军衔高低分给份额不等的土地。根据纸草文献记载，最受优待的马其顿职业军可以得到合 200—400 亩的土地，而待遇最低的埃及本土士兵则有 80—160 亩土地。

上述的份地数目是官方颁布的理想数字，实际上普通大头兵得到的并没有这么多。根据纸草文献中的记载，在法尤姆的齐尔克奥西里斯村，每个职业军骑兵占有土地在 80—320 亩，而埃及本土士兵占有土地在 24—60 亩。

不过即使是以齐尔克奥西里斯村最低的份地面积来衡量，也足够维持士兵的生活开销。随着军衔提升，军人的土地能为自己和家人带来一份足够体面的生活，以至于历代国王都收到不少为亲人争取入伍机会的请愿书……

希腊士兵一般会雇用埃及人耕种自己的份地，扣除劳务报酬和税务之后的收入就是他们的军饷。这块土地一直属于他们直到去世为止，之后是否可以由儿子继承要由国王决定：公元前 239 年左右的一份文献上写道："下面列出的骑兵已经死了，因此国王收回他们的份地。"不过这种不近人情的例子似乎并不多见，因为这些士兵的儿子通常也是士兵，所以通常情况下这类土地都世袭继承了。

除了作为军饷之外，职业军人和雇佣兵到达一定年龄退伍后，也能按照上面的原则分得一定量的份地作为国王提供的养老金。托勒密二世曾在给区军事秘书的一封信件中命令后者妥善安置老兵，要保护他们的人身安全，解决吃饭和住房等实际生活问题。

当然，作为埃及古老传统的延续，托勒密国王也将这些土地赏赐给自己的权贵大臣。与对待大头兵时的锱铢必较截然相反，国王在对待自己的亲信时出手很大方，托勒密二世在分给首席财政大臣阿波罗尼乌斯土地时，一挥手就是 3 万余亩!

法尤姆的土地大开发大大缓解了尼罗河谷的人口压力，解决了王朝创立初期的财政开支和军费支出。这片新土地成为希腊人和埃及人的混合居住点，托勒密一世时期，法尤姆的移民主要是 6500 名马其顿职业军士兵。随后雇佣兵也迅速移民至此，到公元前 3 世纪末，此地军事移民的数量就达到了 5 万人。

托勒密王朝还在法尤姆地区建造了大量的沙杜夫提水器和扬水车，通过这些设施将水源提取到法尤姆附近干旱的高地上，进一步创造出新的田地。沙杜夫提水器是古埃及传统农业器械，扬水车则是希腊人带来的洋玩意。除了这些以外，国王们还大力推广新的耕犁等农具来提高耕作效率，脱粒机也被创造出来出现在埃及乡村的晒谷场上。包括棉花、硬质小麦、橄榄树以及葡萄树等各地优良品种也被大规模引进法尤姆，终于打造出一个梦幻般的鱼米之乡。

在托勒密二世时代，法尤姆的可耕地面积就达到了 1200—1600 平方公里，比中王国时期扩大了两三倍。也正是在这位国王的时代中，法尤姆第一次变成诺姆，以王后阿尔茜诺的名字命名为阿尔茜诺诺姆。在这片生机盎然的地区中分布着 145 个村庄，生活着 10 余万人口。

罗马时期的地理学家斯特拉伯这样描述法尤姆："法尤姆是埃及最突出的地区，不仅自然环境优美，土壤肥沃，产品丰富……橄榄油随处可见。酒、谷物和其他产品也是如此。"

随着托勒密王朝的统治日趋牢固，整个埃及社会呈现稳定状态，法尤姆的希腊老兵娶了埃及妻子形成希 - 埃家庭，开始真正意义上的血统融合。在托勒密时期的纸草文献上，埃及的家庭中经常出现希腊名字和埃及名字共存的现象，而且两种名字出现的频率几乎一样。

这种底层民众之间的通婚并不是托勒密王朝希腊化的方向，因为这种婚姻的后果是希腊人的血统不再纯正，而混血后裔受到母系文化的影响更大。这种希 - 埃家庭的第一代子女可以说希腊语，接受希腊式的教育，同时懂得遵行埃及文化的行为规范。但在几代以后，这些后裔反而"埃及化"了。

亚历山大里亚城里的希腊权贵们竭力保护自己的血统纯正性，他们自认为是优等的民族，想方设法使希腊的文化传统不因社会环境的改变而改变。希腊人努力在陌生的土地上营造家乡的氛围，他们建立的城市和村庄都是希腊式的。他们相互通婚，用希腊语交谈和书写，他们观看希腊戏剧，欣赏希腊音乐，只要是希腊人较多的地方就有体育馆，无论是城市还是乡村。

但这一切的挣扎注定是徒劳的，公元前3世纪的托勒密王朝由希腊人留下的纸草文献基本上是用希腊语写成的，而此后的文献资料则兼有希腊语和埃及语。即使是在“希腊化”程度最高的亚历山大里亚城，当古希腊历史学家波里比阿于托勒密四世时期到访时，不禁对这些同族大摇其头：“源自希腊人的那部分人口已变成混合的种族，不再是真正的希腊公民，不再拥有希腊公民的美德！”

也正是从托勒密四世开始，他迫于埃及国内外形势的急转直下，被迫大大提高埃及人的地位，从这一时期开始埃及人可以充任军队和地方的高级官员，资深的埃及老兵可以得到与希腊军人在理论上同样多的土地——当然从齐尔克奥西里斯村的例子来看还是打了很大折扣的。

这种结果其实并不意外，毕竟当时希腊移民与埃及本土人的人口比例为8∶1。虽然希腊文化在权力上占据绝对优势，但埃及人在数量上占绝对优势。希腊人并不是住在完全封闭与埃及人隔绝的独立区域，当他们分散居住在埃及人周围时，就像撒进水里的砂糖一样被融化了。

居住在埃及的希腊人接受了埃及的文化，他们也在死后被制成木乃伊埋葬。希腊文化也融入埃及的古老传统之中，为传统的木乃伊面具带来全新的制造手法。古代埃及的木乃伊面具表现人物正面，较少个性化表现；而希腊时期的木乃伊面具人物通常是四分之三侧面，更多地表现人物个性，非常逼真生动。到了罗马时期，法尤姆附近发现的木乃伊已经开始用绘制在木板上的希腊式人物肖像取代传统的木乃伊面具。埃及墓葬装饰图案既有奥赛里斯、伊西丝和阿努比斯，也有希腊人钟爱的橄榄桂冠、玫瑰花饰，以及作为罗马社会上等人标志的紫色元素，非常明显是不同文化的融合结果。

埃及学家们认为托勒密王朝前期黄金时代的出现主要依靠就是法尤姆的成功开发，出生于埃及的古罗马历史学家阿庇安曾有过如下记载："托勒密二世统治时，税收是充足的，可以支持规模巨大的军事建设，埃及的军队包括24万名步兵和骑兵、300头战象和3500艘战船。"

到托勒密三世统治时期，埃及已经完善了自己的陆军和海军。

陆军一般由王室卫队、重装步兵、轻装步兵、骑兵和战象中队等组成。马其顿人组成的王室卫队驻扎在首都亚历山大里亚城附近；重装步兵分为三个军团，每个军团约1000人，按马其顿方阵的模式训练；轻装步兵由轻盾兵和特种持盾兵组成；雇佣兵中的克里特人、色雷斯人和卡里提亚人按照各自族群的武器装备和战术组织起来。

骑兵也分为数目不等的重装骑兵和轻装骑兵，骑兵军团的名字往往以雇佣军的来源地命名，如色雷斯骑兵、帖萨利亚骑兵、美狄亚骑兵和波斯骑兵等等。

托勒密一世时使用印度战象组成了战象中队，但很快塞琉古国王截断了埃及与印度之间的路线，埃及不得不转向努比亚猎取战象。此后托勒密王朝的战象来自非洲，尤其是托勒密二世留下了大规模猎取和训练大象的记录。

海军由一支国王舰队作为核心，以来自地中海区域的雇佣兵舰队作为辅助。国王舰队顾名思义是由托勒密国王亲自出钱建造的，水手都是埃及人，划桨奴隶也来自埃及。这支舰队的维持费用由亚历山大城、希腊和腓尼基城市的富人供给，他们还有义务为舰队提供海员、水手和桨手。

经过前三位国王的励精图治，托勒密三世时埃及的国力达到鼎盛期，几乎恢复了地中海区域的帝国雄风，并维持了 40 年之久。

即使在托勒密王朝的衰退期，法尤姆依旧支撑着这个已达到 700 万人口的国度不致崩溃。有趣的是托勒密王朝的国力衰退与因为过度开发导致的法尤姆土地沙漠化几乎同步出现，王朝末期的法尤姆灌溉系统已经失去作用，周围沙漠不断袭击村庄和农田，人口流失、城镇废弃。到罗马时期，法尤姆地区已经沙漠化严重，时至今日埃及仍未能完全恢复托勒密王朝时期开发的可耕地面积。

## 中间阶级

底比斯市场的清晨是从一片人声鼎沸的喧闹声中开始的，农夫、渔夫和各类小贩天一亮便赶到这里占个好位置。

当菜农卸下成捆的蔬菜时，卖水果的女人正把一篮篮的椰枣、石榴和甜瓜分类摆好，挑出品相好的果子摆在篮子里最显眼的位置，接着赶紧一把打开自己年幼儿子伸向无花果的小脏手。猎人拎着几个大笼子，里面装着从沼泽地里捉来的鸽子、鹌鹑和野鸭等飞禽，渔夫挤在他边上，手里拎着一长串刚出水不久的鲜鱼。卖护身符的光头小贩在几块泥砖拼成的平台上铺上白色亚麻布，将自己的那些小玩意小心翼翼地摊开摆好。

在市场上有些正经的摊位，它们用木棍搭好框架，木板拼成台面，顶上还有遮阳的芦苇顶棚。但这些摊位属于卖肉的、卖陶器的、卖首饰的、卖凉鞋和衣服的商人，这些人不大瞧得起摆地摊的，他们衣着体面，大多戴着假发，至少也裹着头巾，不少人还染了流行的粉红色头发。

不久后太阳升起来，大家在烈日下等待主顾光临。当买主陆续走进市场时，不管是地摊还是摊位的卖家都一齐发出刺耳的招呼声，大家竭力夸耀自己的商品，招揽客人前来挑选。一些卖力气的男人也争相推销自己，希望获取一份挑夫的临时差事，而乞丐们也在货摊之间来回穿梭，在一片呵斥声中祈求施舍的慈悲……

很多进入市场买货的也是穷人，他们拎着一点粮食、几块亚麻布或是一张兽皮来交换商品，于是摊位前响起彼此挑剔抱怨和讨价还价的你一言我一语。比起这些没钱的买主，市场上的卖货人更欢迎那些衣着体面的顾客，这些人往往用更保值的碎金块或是银戒指来购物，并且也不会过于斤斤计较。这些顾客是城市里的中产阶级市民，或者按照古埃及的叫法——“中间阶级”。

古埃及的中王国时期是一个政治稳定经济繁荣的和谐时代，国王们注重基础设施建设，内政稳定边境安全，国际贸易带来了滚滚财富，

300 余年的太平时光催生出一个为数不小的社会中间阶层。

中间阶层是中王国时代新出现的社会现象，他们的成员包括独立的工匠、商人、书吏和职业军人。这些人不是掌握土地的贵族，但他们生活相对富裕，拥有奴隶和仆役，财产远超过赤贫的农民阶层。中间阶层的成员一般居住在城镇里面，他们往往采取同领域成员聚居的方式，在城市里形成一个个小规模的“工匠区”或“商人区”。

中间阶层以行会的形式组织起来，他们的收入来源于富有的客户消费者或雇佣主顾，从而使得他们可以脱离土地对农民的束缚独立出来。

中间阶层的出现与国王的政治改革经济策略，以及神学领域里对奥西里斯神的崇拜直接相关。

商人和职业军人的地位因国策扶持而提升，中王国对繁荣贸易的渴望，以及对边境安全和对外远征的需要让这两个阶层很容易便脱颖而出。

专业工匠的出现原因则与宗教和社会意识形态发展密切相关，随着奥西里斯神崇拜和普世性的永生资格大行天下，王室专属的“金字塔铭文”得到了版本迭代升级，它变成适合社会各阶层成员死后的精灵，以保证大家同享令人愉悦的来世。

这些改编之后的咒语被称为“石棺铭文”，因为它们被绘制或刻写在木质棺材上。人们需要确保永生的来世生活质量，那么就产生了对陪葬品的强劲需求，这促生了专门从事制作业的工匠阶层的产生，而他们制作的产品中留给今人最直观的就是那些墓葬中出土的雕像。

前面的章节已经介绍过关于古代埃及军事力量的情况，而这里所说的中间阶层其实更多指向了军队中的精英阶层，也就是以军官为代表的职业军人。

古埃及的军官阶层是富裕的，他们住在城市中的军队社区中。从战场上获胜返回的战士们可以获得土地、牲畜和农夫（农奴）作为法老的赏赐，直接步入地主阶层。他们在国内享有特权，不仅土地收益免税，还有在退役后进入官场的机会。

古埃及历史上不乏贫困出身的勇敢士兵一举翻身成为富裕阶层的范例，例如在第二中间期时代，一个叫作阿赫莫斯本尼科贝特的士兵因为抵御希克索斯人入侵有功，被国王赏赐了“勇士的黄金”，这份奖励包括6只金鸟和3个金狮。除此以外，他从战利品中分到了臂章、手镯、项链、两把银斧头和两把金斧头。

因为身为职业军人是如此有利，所以那些成功跨入职业军人阶层的士兵们都会选择组建一个军事世家，他会让自己的儿孙们至少有一人保持为国王服役的状态，以此换取整个家庭的长远利益。

古埃及城市中和国家工程场所都存在工匠社区，正是这些人为后世留下了令人惊叹的古埃及文化遗产。

埃及艺术从一开始就特别强调表现宗教观念，塑像被视为人的精灵可以寄居的躯体，壁画中的生活场面、动物和菜肴等内容都被认为可以在死后的世界中由象征变成真实。

在这种宗教观念的影响下，埃及的雕像大都采用“正面雕像法则”，即以人的鼻尖与肚脐连成之线做左右对称构图。不论人像是坐是立，人像的上部、头部、肩部和腰都处于同一垂直的平面，不允许倾斜。头型和面部表情有模式化倾向，具体到每个时代都各有特点。

墓穴中的雕像有等高仿真和微型雕像等不同类型，男性塑像躯体敷以红色颜料，而女性躯体则敷以黄色颜料。这些雕像最重要的使命是在木乃伊损毁的情况下，令死者精灵能借助自己的雕像在来世继续活下去，它将通过享用墓穴内壁上刻画的食物和模型来维持体面的生活。

除了雕像以外，这些工匠还生产其他随葬品，这些货物都是顾客在来世希望拥有的财产。从目前的考古发现来看，这些所谓的坟墓物品主要包括陶器、夏博悌雕像、塞尔达巴微型雕像、家具以及类似孟图霍特普二世坟墓中的那些模型等等。

当然，工匠是个很宽泛的概念，埃及传统上的工匠除了从事制造业之外，还包括画家、木匠、石匠等艺术家和专业人才。绝大部分的工匠是文盲，他们的创作过程很大程度是在复制书吏或祭司提供的图案和草图。

画匠们在昏黄的油灯光线的照明下，在神殿和坟墓墓室的墙壁上涂抹湿润灰泥后打上淡淡的网格线，他们手里拿着画家在莎草纸原稿上画好并打上同比例网格线的原稿，这些网格线可以帮助画匠准确定位壁画上每一格的绘制内容。画匠的助手往往是还留着荷鲁斯发辫的少年儿童，这些年轻人用小木棍在一个个陶碗中调配颜料，并且观察着师父怎样将原画依样画葫芦地临摹到墙壁上，这就是那些精美的埃及壁画的制作过程。

在神庙和陵墓的外墙上，雕刻工人按照绘图员在石墙上事先绘制好的轮廓雕刻浅浮雕，他们用手里的木槌和铜凿子在打磨光滑的墙壁上开凿，将神灵和国王的形象及象形文字永久留在自己面前的石墙上。

在同样的工地上，高高的脚手架围绕着高耸入云的巨大石像。另一批雕刻工人爬上脚手架，在高空作业雕刻神灵和国王的巨像。古埃及的巨像气势宏伟，制作它们的都是雕刻工人中的佼佼者，或者说是雕刻艺术家。他们尽量避免表现人物的四肢和身躯的细节，无论石像采取站姿、坐姿、蹲姿还是跪姿，都尽量用一整块石头雕成，竭力避免拼接的部件。

在古王国及之前的时代，工匠的作品主要为死去的国王和诸神服务，他们无权通过作品表达个人的艺术观念，更无权在作品上签名。他们的作品被用在各种宗教和魔法仪式上，虽然美丽壮观但与活着的人关系不大。

埃及的艺术品创作遵循严格的惯例和传统，他们很少有石破天惊的越轨之作，总是优美而文雅的。创造出这一切的工匠需要在首席工匠的作坊里熬过很多年的学徒生涯，在学艺过程中他们逐渐掌握自己行当所需要的高深技巧。

随着中王国时期的埃及越来越富裕，这些在工坊里劳作的高效率生产者开始为活人效劳，这也因此提升了他们自己的社会地位。工匠们有了大量机会展示自己的卓越技术和高超技艺，他们那充满了才智、技术、耐心和经验的劳动成果满足了国王贵族和祭司们的需要，也为自己带来了丰厚的报酬。

底比斯附近修建国王谷墓地的工人村落居住着连续几代工匠的后代，这些工匠每天上午工作四小时后吃午饭并短暂休息，接着开始下午的四小时工作后回家与家人团聚。他们按照古埃及的传统在每周末休息一天（每 10 天为一周），并且在传统上的其他节庆日和宗教节日休息。在休息日有些工匠会为自己和家人修建并装饰坟墓，有些脑筋灵活的则选择跟随祭司学习，并且真有一些顺利跻身祭司行列的成功者。

从中王国时期开始，古埃及社会中出现了非宗教性质的世俗文学作品。埃及人用诗歌、故事、谚语和以长者口吻教育年轻人的所谓智慧文学流行起来，其中最主流的是回忆第一中间期内战灾难的作品，它们被称为“悲观文学”。

将这些文学作品记录下来的人，就是埃及的知识分子——书吏。

和其他古国一样，埃及历史上的人民基本上都是文盲，在总人口中只有 2% ~ 5% 的人能够读写，这批人就是书吏。

在没有摄影器材的遥远过去，书吏作为档案记录人员是埃及农工商业生产和官僚行政机构不可或缺的人员。尤其是当政府官员检查谷仓、核税征税、司法审判、开放新建神庙、监督水利工程、检查公共建筑的时候，总有一个书吏团队如影随形，事无巨细将一切过程全部记录下来。

书吏的芦苇笔是铁的证据，有他们在场，显然绝无可能出现市井无赖撒泼打滚高呼“警察打人啦”之类的闹剧。

一般情况下，合格的书吏不必为了求职这件凡尘俗事而烦恼。正常情况下一个书吏每天都处于忙不过来的情况下才对，毕竟世间万物几乎都需要他们去记录书写：他可能会在维西尔的手下跟随专业人员一起工作；他可能会在诺马尔赫的田间地头记录收成；他可能会在采石场记录下每个工人的工作进度；他可能在神庙里抄写歌颂神灵的文献；他可能书写象形文字草稿提供给装饰坟墓和神殿的雕刻家画家……

书吏是整个知识分子体系的基石，所有的高级专业人士都来自于他们，不管是工程师、建筑师、医生、天文学家还是数学家，首先都得接受书吏的基本培训——毕竟你在做学问之前得先识字。

以现在的眼光来看，一个书吏如果肯刻苦学习理科的话，他可以变成市政工程师、变成港口调度、变成水利工程师、变成道路规划者等等；如果他特别擅长文科的话，可以变成祭司、变成外交官、变成国王的行政官员等等；就算他什么都不擅长，只能做读写的活，那么也能得到跟随商队或者采矿队前往努比亚、黎巴嫩、西奈半岛或是作为使团的成员拜访遥远的异国，详尽记下外交谈判的每一次交锋和秘密条约、贸易协定的一切内容。

对于人生选择不多的埃及人来说，成为书吏就意味着人生道路上出现了无数条分岔路口，并且条条大路通罗马……更重要的是虽然书吏这个职业一般是父子相传，但即使是一个农民的儿子，如果的确聪明伶俐的话，也有可能被送到神庙学校中读书，一举改变自己乃至整个家庭的命运。

如此一来便能明白这个今天看起来不过是速记员的职位，为何能在古埃及受到如此高的待遇了。作为一个书吏你不必纳税，你的吃穿住行全由雇用你的政府或神庙负担，你可以作为公证人监督重要事项进程，从诺马尔赫到普通农夫都对你彬彬有礼，这一切的前提只是你能流利读写象形文字罢了！

当然，书吏在埃及社会既然是贤良的代名词，那么也承担了许多无形的道义责任。人们希望书吏个个都是诚实君子，以强力的自律来维护自己的职业声誉。他们是如此地受尊重，以至于那些不是书吏的富人们经常吩咐工匠按照书吏的模样为自己制作雕像以满足虚荣心。

我们要感谢书吏，正是由于他们数千年持之以恒的奋笔疾书，才为后世留下了有关埃及的点滴记录。

## 尼罗河边的农夫

随着一声响亮的号子，一个年轻农夫松开手里的绳索，让被称为“萨杜夫”的汲水吊杆把盛满水的木桶拉上身边台地上的水渠。这种吊杆一头包裹着石块，通过杠杆原理把另一头的水桶从河中拉起来。

萨杜夫在古王国时期便已经被发明，直到现在仍然在埃及的土地上被使用着。农夫看着水桶慢慢升起，高地上他的兄弟正用锄头刨开干枯板结的土地。埃及适合耕种的土地只有沿着尼罗河岸边窄窄的一小条，稍微高一些的地方就没有水分滋养，必须靠人想办法才能灌溉。

忽然间，河面上传来一声惊叫。

农夫转眼看去，原来河中心一条渔船正被河马袭击！

在河马面前，纸莎草扎成的小渔船和纸糊的没什么两样。渔船上的渔夫丢掉了渔网拿起撑船木杆拼命抵挡，但那头狂暴的猛兽三两下便弄翻了渔船，渔夫惨叫着消失在泛红的河水中……

农民也许是在古代中国与埃及之间地位最相近的一个阶层，准确说，古代中国农村中无地的贫雇农，他们在名义上属于上九流，实则被地主残酷剥削；埃及的农民同样并不是自己土地的主人，他们的劳动成果被国王和神庙无情地掠夺。无论在中国还是埃及，一无所有的农民同样是社会金字塔的地基……

我们说泛滥的尼罗河与富饶的黑土地养育了古埃及文明，实际上养活古埃及的是上下埃及的农民。

埃及人将一年分为三个季节，每一个季节四个月，每个月 30 天，每一天也是 24 个小时，在埃及人的概念中一天是指一个白天。

以我们今日的历法而言，古埃及的新年相当于公历的 7 月中旬。埃及人一年大部分时间可以看到黎明时东方的天狼星，只有春季后到夏季尼罗河开始泛滥前的 70 天是看不见的。于是当天狼星在 7 月份再次出现的时候，埃及人就将其作为“拉”神诞生的日子，也就是古埃及历法新年的第一天。

古埃及新年的第一个季节是尼罗河的泛滥季“阿赫特”，泛滥季期间也是一年中最炎热的时候。希罗多德记载道：在洪水泛滥的时候，平民们停止了劳动，而开始无休止地消遣和饮宴，自由地享受着每一种娱乐。这个时候，平时的满眼所见都处在了泛滥的尼罗河水中，仅仅剩下了一个个看似小岛的村庄。人们这个时候划着他们的莎草船去看望其他村庄的亲朋好友，更虔诚的人们甚至还会去神庙表达他们对神灵的敬意。

因为这个季节算是农闲时期，所以国王往往会征农民入伍或者修建金字塔和王陵。

泛滥季在 11 月中旬结束，从 11 月中旬到 3 月中旬这四个月是成长季“派阿特”。只穿短裤或短裙的农民们半裸着身子，来到覆盖着尼罗河淤泥的土地上。他们喜欢扯下一根富含汁液的纸莎草放进嘴里

赶着牛群的埃及少年

嚼着，一边干活一边吸汁解渴。埃及先民使用木质斧头犁地，后来出现了一种拥有宽而薄的锄刃，以及锄刃与木杆形成锐角的锄头——这种锄头的符号成为象形文字中表示爱的“麦尔”一词。

到第二王朝时期，出现了耕地的犁铧，耕牛也因此作为重要的农业资源登场。当一个农夫挥鞭赶着耕牛犁地以后，另一人肩挎皮袋或提着篮子，将种子撒到翻耕好的土地里。

种子撒进地里以后，孩子们也来帮忙，他们把成群的山羊和猪赶进地里，自己也用小脚丫来回跑着，一方面把种子踩进泥土里，一方面把偷吃种子的野鸟赶走。

埃及人种的粮食包括单粒小麦、二粒小麦和斯佩耳特小麦三种，还有六行大麦为主的几种大麦。亚麻作为布料的主要来源也被大力种植，此外芝麻、亚麻和蓖麻这几种植物变成了埃及人吃进嘴里涂在脸上的植物油。

时间随尼罗河流淌而流逝，种子发芽长大抽穗灌浆。

从 3 月中旬开始庄稼逐渐成熟，从此时开始到 7 月中旬是埃及的收获季“哂姆”。

当远处蔚蓝天空下涌动着金色的麦浪，当微风带着收获的味道吹向我脸庞……拿起镰刀走起，收庄稼啦，老铁!

埃及人的收割工具是一种有凹槽的笔直或者稍微弯曲的镰刀，凹槽中装有方形的燧石刀片。在中王国时期，燧石刀片逐渐被青铜刀片所代替。

开始收割庄稼之前，负责评估产量的书吏由土地员引领着测量每户庄稼的面积大小，计算出一户庄稼的大致收成作为税收的标准。接下来田地里的农夫排成一行，唱着符合节奏的歌曲一边前进一边收割，有时候还会有笛子手站在田边伴奏。我们今天在考古工地中，依然经常可以听到这些埃及民工在劳作时唱的这种劳动“号子”。

农忙时节开始的时候先拔亚麻，这种作物要赶在花期采集以获得松软和柔韧的纤维。农夫一边借腕力迅速地一抽快速拔出亚麻秆，一边跟着唱道：“多美好啊，晨曦中的大地！清新微风从北边吹来，蓝天也顺着我的心愿，我们心儿坚定地把活干！”

从新王国时期开始，国王在收获季节会强迫所有的战俘和罪犯下田干活抢收，甚至有些时候连军队也前来“支农”——这一点很好理解，全部的土地都是国王的，所以他是在保护自己的收成。

亚麻之后轮到收割谷物，大家抓住谷物，用镰刀在齐膝的部位割下谷物放在一堆。每块土地收获的第一把麦穗都要献祭给伊西丝女神，农夫们站在成捆的麦穗前，一面抽打麦穗一面感谢女神的恩赐并祈祷来年的收成。那么在完成这神圣的使命后大家该唠点啥呢？有些描述劳作的壁画上记录下农夫在干活时说的话：“是谁干活干得这么好”，“好人们，大家快点，我们要在天黑前把庄稼收获完”。

收割下来的谷物被捆扎起来放在驴背上，驴子将谷物驮到干燥的打谷场铺在地上，然后用牲畜的踩踏来碾磨脱粒。这苦活一开始由驴子来干，从中王国开始母牛也承担起这项工作。如果实在穷得没有牲畜，那么就由孩子们来干。

乡村的妇女们用木杈和木铲、耙子扬场，将谷壳和稻草从谷粒中清除出去。接着用芦苇和棕榈叶制成的筛子进一步滤出谷壳和杂草。这个时候书记员会再次来测量实际的庄稼收成，并用标准的木盆测量重量并储藏进国家谷仓。这些谷仓被严格看守，每一次运输都要严格记录，国王随时掌握着全国谷仓的粮食储存情况。

粮食收获结束并不意味着农民可以开始休息，从古王国时代开始，在农忙结束后的4—7月份洪水泛滥发生之前的时间里会进行第二次耕种。在这个短短的时间窗口里，农民大量种植各种蔬菜。当然在之前的时间里，农民也会腾出一两块土地做菜园子。

当收获时节彻底结束后，埃及人的一年也就基本到头了。

现在时间过去了360天，距离一年结束还剩5天的“年外日”。埃及人将这五天年外日分别用来庆祝五位神祇的诞生，即奥西里斯、荷鲁斯、塞特、伊西丝和奈芙蒂斯这五兄妹。

一年过去，尼罗河再度开始新的泛滥，新的一年又开始了……

当希罗多德抵达埃及的时候，他观察到埃及农民吃着面包和绿色蔬菜，喝着啤酒和牛奶，每个人都拥有苗条健康的体形和健壮的体格，于是忍不住称赞埃及人是世界上体魄最健康的民族。

希罗多德简直发现了世上的伊甸园，农夫们幸福地生活在人间天堂之中。可惜古埃及人自己的看法却另有不同意见，埃及纸草上记载了这样一段话：“农民的呻吟声不绝于耳，他们声音嘶哑，就像乌鸦在呱呱叫。他们的手指和手臂腐烂化脓，奇丑无比。他们疲惫不堪、衣衫褴褛地站立在烂泥之中……晚上，他们离开农田回家。当他们回到家中的时候，就已经走得连一点力气也没有了。”

生活在伊甸园中的农民老铁自己也一样牢骚满腹，其中一位农夫是这样抱怨的：“每一个农夫仅纳十分之一的税，听起来很轻松，但事实则不然：大家伙请看那麦子尚未成熟，虫子便先吃了一半；剩下一半还得受害于河马的大嘴巴；加上田里的老鼠、蚂蚱和小鸟再吃，等你收回来已所剩无几！其实能收回来一点已属幸运，那倒霉的人再遇到恶人半抢半偷，根本一点也拿不回来！

瞧那犁朽了、耙坏了，正发愁呢，税吏来了！

‘收十一税！’

‘没有……’

‘没有？’

于是那税吏打个响指，法老的大兵和为虎作伥的努比亚黑人就翻脸打人！光打得你鼻青脸肿还不算，更要将你捆得像粽子一般拖到河边，你在挣扎中见到自己的孩子们也会被努比亚人绑成一串……

大兵凶狠地把农夫倒立持着，说一声‘去’，农夫的头便被浸在水里……”

这还是平常年景中农夫交不上租子所受的惩罚，当尼罗河泛滥不足的时候，农民真正的灾难才正式开始，因为他们大部分的收成都交纳给了国家，所以一旦庄稼歉收，农民就得活活饿死。

在混乱的第一中间期，一位底比斯祭司赫卡纳克特被派往下埃及尼罗河三角洲掠夺农民的粮食。这位祭司大人在给底比斯家人的信中写道：“我到达了这里，并尽可能多地给你们搜集了粮食。你们瞧，尼罗河的水位不是很低么？我弄到的粮食和它的水位相称……实话说，这儿已经人吃人了，可是没有任何人会给穷人施舍的。我打算在这儿过完收获季，我回来之前你们一定要挺住！”

当然，确实也有好的官员，就像第一章中介绍过的那位上埃及希拉康坡里斯和埃德富的诺姆长官安克提斐大人，他的确竭力分发粮食保证了自己的地盘上没饿死人，并且在年景恢复之后也没有向农民们追讨积欠的税款。但这样的好官打着灯笼也难找，绝大多数埃及农民当时过着怎样的生活呢——正如安克提斐坟墓铭文中感叹的那样：“人们开始吃他的孩子！”

荷兰莱顿博物馆中有一份破破烂烂的镇馆之宝，名叫《伊浦味箴言》。这份埃及纸草文件被发掘于孟菲斯附近的萨卡拉墓地，作者是祭司伊浦味，首尾都已损毁，中间部分也有很多缺失。

《伊浦味箴言》中充斥着对第二中间期大洪水后暴民行为的指责，在伊浦味大人眼中，那些因为饥寒交迫揭竿而起的埃及贫民和奴隶实在是彻底的暴徒，他们在起义中采取的一切措施都是在毁灭埃及的文化和传统。

虽然按照这位祭司维持秩序的考虑，这些低贱的人似乎应该静悄悄地饿死，不过这份充满负能量的文书倒是提供了第二中间期内埃及社会现状的第一手资料。

大约在公元前 1630 年，第十二王朝在暴民和流寇蜂起中灭亡。

在伊浦味的芦苇笔下，他见证的状况是这样的：

“国王被暴徒废除，金字塔所掩盖的已经变成空虚。国家首长逃亡，长官被驱散到各地，政府机关被打开，书吏都被杀掉了，他们的文件也被抢光了，连土地的文册也被毁掉了，埃及的所有谷物都被暴民充公了。法庭里面的纸卷也被暴民们抢到公共场所，随意践踏，被撕得稀巴烂……”

根据伊浦味所说的内容，第二中间期之间上下埃及所有的金字塔都被抢光了。尤其是胡夫大金字塔目标过于明显，所以被抢得毛都没剩下一根……

“所有的宝藏都没有了，胡夫棺材上面的盖子也没了，只有一个空空的棺材，他的木乃伊早就不知道被暴民弄到哪里去了。”

除了《伊浦味箴言》以外，《聂非尔列胡箴言》这份纸草文献也战战兢兢地记下走投无路者的绝地反击：

“突然间大地像陶盘一样狂转起来，暴乱者在不到一小时的时间里就攻陷了京城，国王竟然被穷人捉去！王宫的大门和屋顶都烧成灰烬成了一堆废墟，昔日富丽堂皇的王宫只剩下断壁残垣……

那些横行霸道的官吏们全都逃得踪迹全无；昔日威严高大的市政厅成了穷人可以任意出入的场所；记载神圣严厉法令条文的纸草在穷人的脚下痛苦呻吟……

以前连凉鞋都穿不上的农民和奴隶变成了财富的所有者，而以前的富人现在却成了穷光蛋。富人呻吟，穷人快乐！没有耕牛的人现在有了成群的牛羊，没有粮食的人现在可以借出粮食接济别人了，以前连一块船板都没有的人，现在也可以修建漂亮的墓室了……

不管你走到哪里，都能听到同样的呼喊：‘打倒我们中间有势力的人，把他们赶走！’

奴隶们可以扬眉吐气，他们开始大声说话了，而那些过惯了安逸生活的达官贵族，现在却不得已听候奴隶们的使唤。奴隶们赶走了祭司，他们要直接与神灵交谈，直接向神献上他们的供品。”

“……三角洲在哭泣，因为国王的粮仓已经成为一切人的财产了……

有财产的人遭受损失，而穷人则很满意，他们做成了铜箭，用血来强求面包……”

看到这里，是不是感觉这场持续近半个世纪的暴动与中国历史上那些农民大起义非常相像？就算是再温顺的人民，终将有忍无可忍揭竿而起的一天！

但毫无知识的起义者在摧毁统治他们的旧世界之后，没有能力规划新世界做自己的主人。于是自由之火终于熄灭，国王和祭司再度成为他们的主人……

# 第四章 通往来世之路

与培养了无数奇妙幻想故事的古希腊神话不同，埃及神话在后世滋生出的多是恐怖传说。

这其中的原因除了那些兽头人身的古怪神灵形象之外，更多的要归功于埃及人将死者制成木乃伊保存的习俗。

一提起木乃伊，我们可能会条件反射地想起躺在华丽金棺中的图坦卡蒙或者是拉美西斯二世。这些埃及帝王的木乃伊历经数千年保存至今，不仅让我们了解了古代君王的生活状况，更带来无穷无尽的鬼怪传说。

关于这一点，并不能单纯地责怪后世的人们愚昧无知。要知道就算是在埃及的时代，木乃伊同样也激起很多鬼故事的创作灵感。

3200 年前，在新王国时期的一块陶片上，刻着一个埃及版的“捉鬼故事”。

在底比斯有一个叫作尼布斯迈赫的厉鬼作祟，于是一位高贵而智慧的祭司霍姆塞哈布挺身而出，以他信奉的阿蒙神之名去平息愤怒的幽魂。

霍姆塞哈布当然不会举着桃木剑挑起黄符纸作法，也不是捧着十字架大喊“哈利路亚”去喷洒圣水。他的策略是咏念克制恶灵的咒语之后，勇敢地与尼布斯迈赫共度一晚——听起来有点像是埃及版的聊斋故事。

在祭司的安慰之下，厉鬼倾诉了自己的悲惨遭遇：他生前曾是第十七王朝时期的权贵，但历经 300 年时光之后，他的坟墓和木乃伊早已被摧毁，他的灵魂无处安歇。

霍姆塞哈布同情这个无家可归的鬼魂，于是许诺重建尼布斯迈赫的陵墓，并定时向他的灵魂献上祭品，从而改变了这个孤魂野鬼毫无希望的悲惨生活。

仔细分析这个残缺不全的埃及故事，能够发现埃及人和我们对木乃伊态度的微妙差异。埃及人将木乃伊视为生与死，希望与恐惧的混合体，他们借助于木乃伊来摆脱人类最大的恐惧：死亡。

## 永生的许诺

埃及神话中关于奥西里斯的传说是每一个埃及人都耳熟能详的故事：

天神和大地女神的儿子奥西里斯是点亮埃及文明之光的伟大神灵君王，他娶了自己的妹妹伊西丝，成为埃及人爱戴的贤明统治者。

但奥西里斯的弟弟塞特也爱着伊西丝和埃及王座，为了得到自己的这两样至爱，塞特决定除掉碍事的哥哥——他诱骗哥哥躺进棺材里，然后钉上钉子便将棺材丢进了尼罗河中。

伊西丝悲伤地搜寻丈夫，最终在遥远的拜布洛斯，也就是现在的黎巴嫩海岸附近找到了棺材。

奥西里斯已经遇害，但伊西丝以女神独有的智慧将奥西里斯制成埃及历史上第一个木乃伊。故事在此处有不同分支解释，例如在新王国时期留下的僧侣文书中，就认为是伊西丝设法令木乃伊勃起，从而使自己怀孕生下儿子荷鲁斯。

篡位的塞特发现此事后自然不肯视若无睹，他找到哥哥的木乃伊并将其肢解成 14 块扔在尼罗河谷各处。

伊西丝又设法找到了所有的碎块，将丈夫如乐高一般拼合起来。虽然奥西里斯的阴茎部分被一条象鼻鱼吞食，但在阿努比斯的帮助下，伊西丝还是拼完整了丈夫的躯体。她为木乃伊涂上珍贵的香料并以细带子包裹，这样奥西里斯便获得了永生，得以成为亡者国度阿蒙提的统治者。等到荷鲁斯长大后，这孩子击败了塞特成为人间的统治者。

奥西里斯的故事不仅从神话角度解释了法老权威来自埃及诸神所授，更为所有人提供了获得永生的许诺。

从前王朝时期开始，埃及人就相信万物有灵，而人的灵魂便是精灵。精灵栖身于人的躯壳之中，如果死后躯壳腐烂损毁，精灵也随之而灭。

木乃伊所代表的意义并不是一具保存期很长的干尸，而是一个人曾经形象的转化过程。无论是为木乃伊涂抹香料还是在其面部覆盖金面具，都可以帮助死者转化为神，将自己的名字与神连接成为“奥利西斯某某”。

后来随着神话发展，人们更进一步认为，如果在生前按照埃及的玛阿特道德伦理原则生活，那么死后的亡者精灵便有被众神复活得以永生的资格。而复活的条件正如奥西里斯神话中所述那般——通过变成木乃伊踏上永生之路。

## 制作木乃伊

埃及人的木乃伊处理技术是由于环境因素催生的，并且在漫长的历史时期内不断改进工艺。

前王朝时期的木乃伊大都是自然形成的，人们把尸体埋在挖得很浅的墓穴里，上面用兽皮或编织物覆盖，再用沙土盖好。一切顺利的话，埃及灼热的阳光便可以令尸体脱水干燥成为干尸。

直到2000年后的第四王朝时期，埃及人才认识到内脏是尸体迅速腐烂的罪魁祸首，于是制作木乃伊就有了掏取内脏的重要环节。但其他防腐措施依旧简陋，这就导致了在古王国和中王国期间保存下来的木乃伊屈指可数。

又过了1000余年，新王朝时期的木乃伊制作技术趋于完善，出现了有效的尸体脱水和防腐技术。

阿努比斯是木乃伊和坟墓的标志之一

当时，制作干尸已发展成为一种专业行当。有专门的防腐师和木乃伊制作工坊，不仅法老和大臣们死后要制作成木乃伊，连许多富裕的平民也竞相效仿。

古希腊学者希罗多德在《历史》中描述了距今2500年前的木乃伊制作流程：办丧事的死者家属会与木乃伊制作者讨价还价，当时市场上的木乃伊制作分为高、中、低三个档次，制作者会展示木乃伊小模型，让家属直观看出自己亲人的木乃伊会是什么样的，然后大家选定方案谈妥价格后开工。

遗体首先被运至木乃伊制作工坊，这些工坊中最显著的装饰品就是陶制的豺狼雕塑，它代表着亡灵接引之神阿努比斯。此外一种叫作“巴”的人头鸟形象也是工坊的常见装饰物，它是象征着死者灵魂的精灵，可以离开遗体飞到阴阳世界中任何一处死者感兴趣的地方，也终将回归木乃伊体内。

根据拉美西斯二世统治时期，一个埃及书吏肯奈赫柯普谢夫留下的莎草纸手稿，我们可以清晰直观地看出 3500 年前他的父亲拉莫斯是怎样被制成一具木乃伊的：“在上埃及和下埃及的法老拉美西斯二世统治的第三十九年，我是肯奈赫柯普谢夫，拉神之子麦伦普塔之墓的书吏，为我的父亲拉莫斯完成了所有通往西方芦苇之地的仪式……”

在拉莫斯死后，首先经过家里和邻居家的女人，以及雇来的哭丧妇女哭丧哀悼。这些女人用一只手捂着头顶的特殊姿势号哭，这种姿势直到今天仍被埃及女性采用。

哭泣守夜之后，他的遗体被儿子运到木乃伊防腐工坊进行净化处理。

工坊的指导者是一位有名望的祭司，他知晓永生的奥秘，在整个制作流程中始终头戴阿努比斯的面具。一群专业的木乃伊制作者围绕在遗体周围，严格按照祭司的吩咐进行操作。

对于一个专业的制作者而言，首先要进行清理死者头颅的工作。他们会使用一个细长的金属钩子，通过鼻腔将大脑掏出来，然后用化学品清洗颅腔内部。

开腹的专用工具是一把黑曜石刀，制作者在死者腹部左侧切开一个大口子，将肺肝胃和肠子摘除后浸泡在化学溶剂中清洗干净。这些内脏会被仔细包裹之后涂抹树脂、香料和泡碱，再放入四个卡诺普斯罐子里，这些罐子上有人和动物的头像装饰，代表着不同的保护神。其中有着人类面孔的是依姆塞特，它负责照看肝脏；有着狒狒面孔的是哈比，它负责照看肺；有着豺狼头的是杜阿穆特夫，它负责照看胃；有着鹰隼头的是克布塞努夫，它负责照看肠。

泡碱是天然碱矿中采掘来的碱面，具有强烈的吸水性，潮湿的内脏会在罐子里快速干燥。

心脏是最后被摘除的脏器，因为埃及人认为心脏是意识所在的器官，所以它会被小心放进容器中，等待死者躯干被棕榈酒和香料洗净后，再随着一个被称为“心脏圣甲虫”的护身符一起放回胸腔里面。

传统上这个放置在心脏位置的心脏圣甲虫会用黄金和宝石制作，所以历代在埃及肆虐的盗墓者都冲着它而来，他们会劈开木乃伊取出心脏圣甲虫。而那些惨遭劫掠的亡魂，只好变成尼布斯迈赫那般愤怒嘶吼的厉鬼了。

当心脏圣甲虫放回胸腔之后，制作者会用成卷的亚麻布、锯末和没药、肉桂等香料，以及大量的泡碱填充遗体空荡荡的胸腹。

到了这一步，制作者要视遗体身份和付费程度考虑是否进行进一步的美容处理。对于法老等权贵，以及付得起钱的富人遗体自然是要进行细致化妆的。

例如当拉美西斯二世被制成木乃伊时，他的标志性的鼻子被胡椒子包裹起来，以保持生前的形状。他的指甲和头发都用指甲花染成象征生命气息的红色，而腹部切口也被覆盖了坚固的金板。

而我们的主人公拉莫斯有个孝顺儿子，肯奈赫柯普谢夫出钱为老爹购置了不少护身符和莎草纸咒语。

其中一个刻着咒语装饰着碧绿宝石的心脏圣甲虫被放置在心脏之上；一张用代表重生的绿色天河石粉末书写的莎草纸咒语则放在喉咙之上；在木乃伊胸腔上放置着红色宝石制作的缇特符和青金石制作的吉德符，这两个护身符分别代表着伊西丝女神和奥西里斯神脊椎的护佑；在木乃伊脖颈下放入一个小枕头，好让主人在复活时能够抬起头部；最后给木乃伊戴上一个镀金面具，好让面具在永生之地诉说主人生前的光彩——显然肯奈赫柯普谢夫是理性的人，花钱还是有所节制的……

接下来制作者缝合木乃伊身上的各处切口，遗体被亚麻布层层包裹起来，直到看上去像是个自然的人体形状为止。

包裹好的遗体被平放在桌子上盖满泡碱进行干燥处理，这种干燥处理时间长达 70 日之久。时间到了以后，制作者将遗体取出再度进行彻底清洗，这个过程要用到一些价格不菲的香油和油膏。

完成这个过程后，遗体全身被树脂浸泡过的优质亚麻布条紧紧缠

莎草纸上记载的木乃伊制作过程

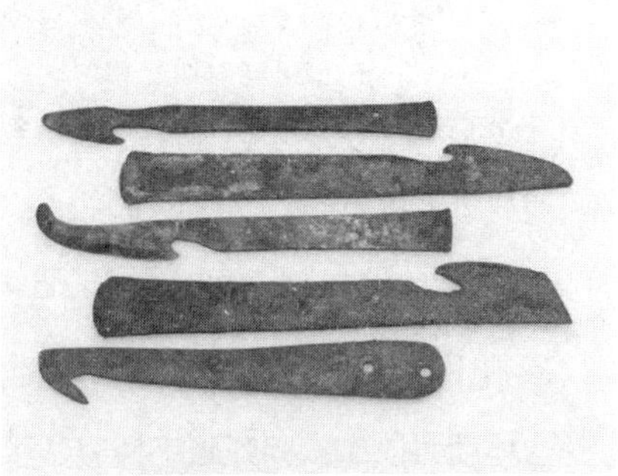

制作木乃伊的一些金属工具

木乃伊制作者将处理完毕的遗体用亚麻布层层包裹

绕包扎数层，其中每根手指和脚趾都要分别包扎。

到这里，又涉及第二项遗体美容和魔法保护的 VIP 尊享增值服务了。

对于身份尊贵的死者而言，手指和脚趾的对应部位都要覆盖金指甲，口内被塞入金舌头。至于各种保护遗体不被打扰，帮助亡灵安全前往永生之地的各种护身符、魔法饰品和写着咒语的纸张都被细心包裹在每层亚麻布之间。

而那些付不起任何美容费用的穷鬼，自然免去了上述所有这些麻烦，制作者会在取出内脏缝合切口之后将雪松油灌进遗体中，再将遗体往泡碱堆里一放拉倒。

70 日后，雪松油已经把遗体的脂肪肌肉和各种软组织溶解干净。制作者只要把油抽出来把组织液倒掉，那具只剩干燥骨骼和皮肤的遗体就可以拿去向死者亲属交货了——你说亚麻布包扎处理？谢谢，那是要额外付钱的！

1994 年，美国考古学家鲍勃·布里尔在马里兰州解剖学会主席的协助下，按照古希腊学者希罗多德在《历史》中描述的埃及祭司处理细节，将一具志愿者捐献的遗体制作成了木乃伊。

布里尔等人严格按照希罗多德记载的步骤制作了一具现代木乃伊，他们发现从鼻腔取出大脑是难度最大的操作步骤。其过程极为艰巨繁琐，远非《历史》中轻飘飘一句话所形容的那般容易。

但无论如何，这具现代木乃伊验证了古希腊学者记载的可信程度。它在一个温度湿度适宜的环境一直保存完好，没有任何腐烂的迹象。世界各地的科学家频繁来拜访它，来试验打算用在古代木乃伊身上的各种技术。其中最有价值的就是验证了木乃伊的 DNA 提取技术，为 2007 年确认传奇女法老哈特舍普苏特的身份奠定了技术基础。

## 古老的葬礼

在新王国时期的一处壁画上，描绘了木乃伊被船只运往西岸金字塔安葬的场面。

木乃伊的四个卡诺普斯罐子被放置在顶部有豺狼塑像的卡诺普斯箱子里，随着木乃伊一同航向永生之地。

在其余的船只上装载着大量的食物饮品和生活奢侈品，它们将伴随主人一同抵达坟墓中埋葬。

根据这些描述，再结合肯奈赫柯普谢夫留下的手稿记录，我们可以推测出他父亲拉莫斯葬礼的大致模样：

时光回溯到 3500 年前的一天，正是太阳升起之时，尼罗河上泛起万点金光。

随着船桨划破水面，几条两端上翘带有典型埃及风格的大船划向尼罗河西岸——那里是埃及传统的墓地所在之处。

一位头戴豺头面具的高级祭司守护在棺木旁边，他扮演着阿努比斯的角色，口中不停咏念着保护死者亡灵的咒语。

除了祭司扮演的阿努比斯之外，肯奈赫柯普谢夫也披着豹皮扮演荷鲁斯的角色，按照传统这个角色要由死者儿子或是葬礼祭司扮演。“荷鲁斯”的存在是为了确保死者可以受复活奥西里斯的荷鲁斯之眼

古埃及葬礼中至关重要的开口仪式

庇护，在冥界获得新的生命。

在船上还有两位号哭的女祭司，她俩扮演着哀悼奥西里斯的伊西丝和奈芙蒂斯两姐妹，她们负责为死者守夜并送葬。

在其余的几条船上，是死者在永生之地需要享用的各种物品。

从前王朝时代开始，埃及人的坟墓越造越大，随葬品也越来越多。这些随葬品中包括衣服、家具、首饰、陶器、玩具、乐器、食物和饮品等等，凡是主人生前享用的一切，几乎都要在死后一并带走。

有时候，在死者之前夭折的孩子也会做成木乃伊随他（她）一并埋葬。

船只抵达西岸，拉莫斯的木乃伊被安置在船形的灵柩上，由公牛和他生前的亲信一同拉着前往墓地。

走在送葬队伍前列的是抬着卡诺普斯箱子的仆人们，其后是抬着随葬品的长长队伍。

送葬队伍中一位祭司边走边咏念祈祷经文，另一位焚香的祭司则指挥整支送葬队伍，确保所有仪式步骤不会乱来坏了规矩。

太阳很毒，大家气喘如牛挥汗如雨。

但肯奈赫柯普谢夫早有准备，他雇用的仪式舞者和哭丧妇女确保不让队伍出现扫兴的沉默。

等抵达墓地的时候，那里早已一边一个守候着男女两个祭司。

男的代表接引死者的阿努比斯，女的代表爱情和欢乐女神哈托尔。而坟墓中则有为死者准备的嵌套棺木，这种嵌套棺木一层层嵌套进去，也被称作木乃伊箱，例如图坦卡蒙的棺木就多达 8 层。棺木最核心处是一个木乃伊轮廓的内棺，这里就是死者最终长眠的地方了。

在木乃伊被放入嵌套棺木之前，所有祭司还要齐聚一堂进行最后的手续：开口仪式。

埃及人认为人的亡魂就是精灵，在去世以后它会分为三种不同的形态：卡、巴和阿克。

巴这位好奇的“旅行家”前篇已经有所介绍，而阿克的意思是发光的灵魂，代表了不朽，它的光辉源于死者在生前的成就。阿克的归宿有三种不同版本：化作夜空中的恒星，与太阳神拉一起乘坐太阳船旅行，与奥西里斯一起生活在来世天堂芦苇之地。

最后就是最关键的卡，它是生命的精灵，在死者去世后就与躯体合为一体，从此待在木乃伊中。

所谓开口仪式正是祭司通过咒语激活卡的意识，让它在坟墓中觉醒，吃喝仆人提供的食物和饮品。

拉莫斯的开口仪式按照祭司的指点顺利进行，扮演阿努比斯的祭司扶起直立起来的木乃伊，披着豹皮的肯奈赫柯普谢夫手持木匠用的锛子走到父亲的木乃伊面前，他先用香脂涂抹父亲的面部，然后用锛子法器分别触碰木乃伊的手口足部，这个动作意味着将木乃伊的身体还给了拉莫斯的卡，让他可以带着自己的躯体在死后的世界获得永生。

与此同时，在大量随葬品依次搬运至墓穴的同时，在嵌套棺木旁边被放置了一座同样用亚麻布包裹起来的拉莫斯雕像（在主人木乃伊损毁的情况下作为替身存在下去）以及一个被称为“沙乌比提”（能代替主人在来世工作）的小雕像，他的卡诺普斯箱子也被安放在一旁，墓室里剩余的箱子装着他生前的衣物，他那些包括剃刀、剪刀、镜子和香料瓶在内的梳妆用品。

环顾四周，墓室里又被塞进了一把扶手椅、一把靠背椅、一条木凳、几张芦苇席和一张棕榈木打造的桌子。

最后放入墓室中的是几篮子面包和装满啤酒的陶罐，好让拉莫斯永远不受饥饿和口渴之苦。

从新王国时代开始，埃及人还会在墓室中放置木质的奥西里斯苗床。

在这个木质器具中装满了土壤和被称为“谷物木乃伊”的泥土制成的木乃伊微缩模型，模型中放置了大麦或两粒小麦种子。

人们在封闭墓穴之前会给苗床浇水，使其有机会在坟墓中发芽。这个象征性举动意味着亡者遵从神灵的安排，完成从死亡到重生的神圣循环。

开口仪式结束之后，仆人们在墓穴入口处修砌一堵石墙封闭出入口。

最后大家在地面上砖砌的小型金字塔前举行宴会，众人尽兴而散。

整个葬礼至此结束，但坟墓主人的生活才正式开始。

权贵亡者的卡需要享用日常食物，所以包括面包师、酿酒师和其他一些仆人会在墓地附近的村庄中居住，每日为主人的卡奉上饭菜和饮品。

当太阳落山的时候，仆人们会将食物从坟墓前端走，带回村庄自己享用——大家都得生活，意思意思就行了……

当然，主人那边还是着眼于严格考核仆人工作的。为了防止卡的仆人们玩忽职守放弃职责，祭司们会在墓室墙壁上刻上亡者生前喜欢的菜单，这样在卡感到饥饿时便可以魔法性地激活菜单，让懒惰的仆人们意识到主人的命令和需要："叮，您有新的外卖订单……"

这种丧葬习俗直到今天仍然存留着一抹痕迹：现代埃及人有一种叫作"阿尔贝荫"的习俗，当一个人去世满40天后，家庭成员会把食物带到他的坟墓旁边，然后分发给附近聚集的穷人们。

这是一个完美的葬礼，但亡者的可怕历险才刚刚开始。

新王国时期的墓室雕刻中有过如此描述："原来喜欢走动的人现在被禁锢着，原来喜欢穿着盛装的人现在穿着旧衣服沉睡，原来喜欢歌唱的人现在置身于无水之地，原来富有的人现在来到永恒黑暗之处"；"西部是睡眠的国土，漆黑无光，死者在那里唯一的事情就是睡眠。他们从不醒来见自己的父母，也看不见自己的兄弟，他们心中没有妻儿，生命之源的水对他们来说只是永远的渴……"。

这些阴冷的描写源于《亡灵书》，它是新王国时期开始的墓葬必备品，也是所有埃及人在走向永生的冒险途中最大的依靠与安慰。

## 玛阿特审判

在古王国时代，法老死后会升入天国获得永生，他将乘坐自己的太阳船巡游天空。为了有亲随侍奉法老，所以一些特定的伙伴也被允许获得永生，但他们只能待在自己的坟墓中，没资格登上法老的太阳船畅游世界。

正是这个古老的神话思想，导致了埃及人厚葬的传统。在埃及的古墓中，时常可见到描绘日常生活的壁画、墓主人及其家庭成员的雕像，当然还少不了那个神奇的“魔法菜单”……至于本该有的家具设备、食物饮品和奢侈品等等随葬物大都被数千年来的盗墓者搜刮殆尽，但有时候依然能找到一些微缩的住宅、农场、工坊、作坊的木质模型，甚至连船只等交通工具也配置齐全——有钱人在来生也要过得舒舒服服。

古王国之后，来生的资格对所有埃及人开放了。虽然法老依然被宣称将在死后乘坐太阳船升上天空，但其他人不再被局限于坟墓中，他们可以按照自己的想象规划来生。

富人的来生是如何规划的自然不必再提，穷人也一样希望在未来的芦苇之地气候凉爽，没有疾病和天灾困扰，蚊虫虱子不再叮人，泛滥总会按时发生，谷物都能长到理想的高度……

想法是美好的，但传说是残酷的，如果想要抵达芦苇之地，亡者必须通过重重考验。

大英博物馆中储藏有一副来自埃及的雪松木棺椁，这副棺材属于4000年前一位名叫古阿的医生。

当考古者惊醒医生长眠的同时，他们也发现了绘制在棺椁上的人类最早的地图之一，这份地图描绘的是被称为“双路书”的《石棺铭文》的一个片段。

在中王国时期，墓葬中的棺椁上往往绘有为非王室的死者所编写的咒语，这种咒语吸取了王室专用的《金字塔文》中的一部分咒语，被称为《石棺铭文》。

这些铭文大多采用第一人称书写，以神灵的口吻讲述他们曾经历过的神话故事。其中心思想明确否定人的死亡是一种终结，提出死亡只是从今生转向来世的必经过程。要度过这个过程，就必须依靠咒语的力量来克服艰难险阻抵达来世。

除此之外，咒语还能够保证死者所希望的一切，特别是在来世享受生前一样的舒适生活。

所谓双路书，指的是亡者精灵穿越冥界度阿特时所能选择的两条路，其中蓝色标记的是水路，黑色标记的是陆路。

按照棺椁上的文字说明，在穿越度阿特的路上会遭遇看守火焰门和河流转弯处的恶魔。古阿医生的巴可以借助咒语的保护，欺骗恶魔说自己是被受伤的奥西里斯所召唤的医生。它可以对着火焰门下达命令："噢，火焰啊，为我开出一条路吧，让我顺利通过！我要去照顾奥西里斯，使他恢复健康！"

如果没有咒语的保护会发生什么呢？《石棺铭文》中列举了不信邪者会遭遇的种种危险：你会饥寒交迫，你会在黑暗中迷失，你会被神圣之火焚烧，你会被怪兽肢解，你会被恶魔逼迫倒立着吃屎喝尿……

冥界之旅是如此的可怕，足以让古阿医生这样有钱的上等人，付出巨款来绘制神圣图案和咒语以保护自己。《石棺铭文》可以保证古阿医生顺利抵达旅程的终点，登上太阳神的太阳船，沿着大地和天空的"蜿蜒水路"自由航行。

好了，现在让我们回到拉莫斯的冥界冒险之中，看看这位新王国时期的亡者会经历怎样的旅途吧。

要知道就算纯朴如埃及人，神话传说也是迭代飞快与时俱进的。

时隔500年之后，老掉牙的《石棺铭文》已经不流行，但人们向往的永生地点依旧是奥西里斯所在的芦苇之地。

“我是奥西里斯·拉莫斯。当我死去的时候，我的巴离开了我的躯体。在我的死亡被宣告时，它没有向任何人说我的坏话。因此我的葬礼能够按照传统仪式顺利完成……

我在这里，在奥西里斯的国度的入口。

我知道那些密语，它们能够让我乘上拉神之船，然后穿过这个冥界国度，到达设有神圣审判庭的地方。

我在神明和他的随行侍者陪伴下，乘船穿过了天国……”。

在拉莫斯所处的新时代，咒语已经变成更加简明紧凑的《亡灵书》。与旧时代的咒语相比，《亡灵书》中增加了灵魂审判的内容。在这一时期，几乎每个埃及人下葬时都会携带着《亡灵书》作为冥界通行证。富人们用成卷抄写解决所有危险的莎草纸咒语做陪葬品，穷人也要想办法带着写有一两句咒语的莎草纸碎片。虽然埃及人中的绝大多数都是文盲，但《亡灵书》中那些概括咒语内容的复杂小图画足以让他们明白这些象形文字的作用——总之，安心上路吧……

亡者在冥界旅行，首先必须通过“双重玛阿特之堂”。

这是设立在奥西里斯觐见室中的神灵审判庭，42 位男女神灵汇聚一堂，审判亡者在活着时的所作所为是否符合“秩序、真理、公正”的玛阿特原则。

在阿努比斯的见证之下，把亡者的心脏与玛阿特女神的羽毛一同放上天平。

如果亡者生前的确过着符合玛阿特原则的美好生活，那么他的心脏就会与羽毛一样轻。这就意味着他的精灵获得了永生的资格，可以踏上前往芦苇之地的道路。如果不是的话，天平会立刻倾斜，罪人也会被狮子、河马和鳄鱼三位一体的怪兽阿穆特一口吃掉。

一个撰写于3000年前的埃及神话故事讲述了玛阿特审判惩恶扬善的公正性：塞特纳王子曾遇到两支同时出殡的送葬队伍，亡者为一个富人一个穷人。

富人的随葬品种类繁多，穷人的则什么都没有。

塞特纳看着富人的木乃伊被送进豪华墓室，穷人的则被草草埋在沙漠中了事。他很好奇这两人在通往永生之路上的遭遇，于是让儿子用魔法将自己送至冥界，看看那两位亡者最终的命运。

在奥西里斯的见证下，富人没通过玛阿特审判，他被判定邪恶自私，立刻遭受永恒的折磨。而穷人则被判定善良正直，于是神灵决定富人的随葬品都归穷人所有，并送他踏上前往芦苇之地的旅途。

这种神话故事对权贵的影响自然不会小，但他们采取的应对方式则相当有特色。

在埃及时代留下的文字中，能够看到那些贪官污吏为了能够通过玛阿特审判，不惜花费重金央求祭司为其编写应对诸神法官的咒语。例如心脏圣甲虫上往往刻着禁言的咒语，以避免心脏在众神审判时讲出藏于其中的坏事。

《亡灵书》的内容随权贵的需求变得越来越多，来确保主顾顺利过关。埃及人讥讽地称其为“祈求来生的手册和万人升天的指南”，由此可见幽默感在任何时代和任何民族中都不会缺席。

当然，多达200余章的《亡灵书》并不都是因大小“腐败分子”而生的。毕竟通过玛阿特审判之后的精灵，依旧要面对与古阿医生同

《亡灵书》残片

样的难题：解决通往来世天堂芦苇之地道路上的种种难题。

在《石棺铭文》中提到的各路恶魔和刁难人的守门人仍旧在《亡灵书》中存在，一个自由的精灵仍然随时可能因为无法答出一个关键性信息而惨遭不幸。这些关键性信息可能是一个口令，一个诸神的秘密，一个谜语的答案，或者是摆平饥饿野兽的指令，等等。

《亡灵书》中的每一章都包含了应对具体挑战的策略，精灵可以通过它说出一段套话迷惑野兽恶魔，或是施展魔法咒语克制特定障碍。因此《亡灵书》的章节在坟墓中自然是越完整越好，当然钱也是花得越多越好……

下面是一段保存至今的《亡灵书》章节，我们来一窥埃及精灵在冥界冒险中的套路吧。

呼吸空气和拥有大墓地之水权力的咒语是：

哦，阿图姆，给我甜蜜呼吸，它在你的鼻子中。

我是那个拥抱沃努环绕之地的人，

我是那个伟大鹅蛋的护卫，

我强大，它也强大；我活着，它也活着；我呼吸空气，它也能呼吸空气。

避免自己心脏指控主人的咒语是：

我的心属于我母亲，我的心属于我母亲，我的心属于我的大地母亲。

不要站在仪式众神一边指控反对我，

不要揭露我的行为，即不要说“他（她）的确做了这件事”，

不要站在大神一边起诉我！

## 永远有多远

埃及人踏上永生之路后，还活着的亲属依旧希望与亡者保持联络。有鉴于阿克这个精灵是具备半神潜力的灵魂，所以埃及人自然希望去世的亲属能运用永生之后的能力来协助自己。

这种观念的神话理论表现在《亡灵书》里的对话中，奥西里斯曾经哀叹自己被迫待在冰冷的冥界，与爱人伊西丝天人永隔，但造物主拉回应说你已经拥有超越所有有生之人的能力作为补偿。

在这种观念影响下，埃及人在家庭中会为死去的亲属举行纪念仪式，并且认为一旦活着的人忘却死去的亲属，那么那些亲属的精灵会制造一些麻烦来作为对生者的惩罚。

在埃及漫长的历史中，无数人被制成木乃伊并埋葬。不仅仅是人，还包括很多动物也被制成木乃伊。

动物木乃伊出现的时间几乎与人不相上下，早在5000年前第一王朝的国王们便将狗、狮子和驴制成木乃伊与自己一起安葬。后来平民也纷纷效仿，将宠物制作成木乃伊一并随葬。

动物木乃伊中有些作为宠物，有些作为食物，还有些作为某位神灵的化身。它们被宰杀之后经过脱水处理，最后成为黑暗墓穴中的填

充物之一。

即使埃及人如此执着地探索木乃伊技术，但仍然无法避免很多木乃伊在潮湿渗水的坟墓中慢慢腐烂的事实。

在埃及历史上，更多的木乃伊是被盗墓者摧毁的。

埃及人厚葬的传统，让它几千年的历史中充斥着盗墓者活跃的身影。即使是再严厉的咒语警告，也无法抵消陪葬品对活人的诱惑。人们觊觎坟墓中的那些黄金珠宝、衣物器具，甚至是优质亚麻布条和新鲜食物——在埃及文献中不乏下葬当天就被盗掘的事例存在。

生前的地位再高也无法抵御盗墓者的侵袭，所以法老们不得不放弃了金字塔，转而将自己的长眠之地选择在山洞深处。但无论是精心设计的假门、陷阱、迷宫、无出口走廊、隐蔽竖井、通往死胡同的楼梯、填满碎石的走廊，还是作为诱饵的假墓室和木乃伊都不能欺骗精明的盗墓者。纵使墓室上方盖着几吨重的石板，依旧不能保护埃及的达官贵人们不受侵犯。

反而是那些葬在沙漠边缘的穷人坟墓从来不受盗墓者打扰，那些以芦苇为内衬的简陋墓穴中没什么值得去偷的东西。一个农夫的木乃

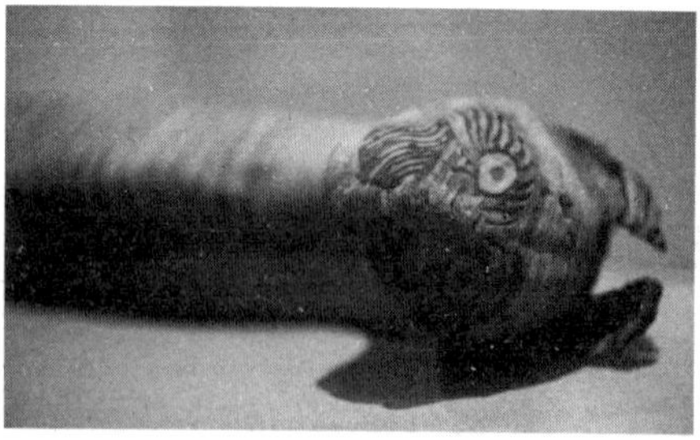

猫木乃伊

伊，往往比法老保存得更久远。

但时间的威力是如此之大，当一切都沧海桑田之后，文化失去传承，种族不再延续，追求永远的亡者们又能走多远呢？

在中世纪，开罗的工匠们便堂而皇之地剥去金字塔表层的优质白色石灰石作为建筑材料。阿拉伯探险者们找不到大金塔的入口，于是放一把大火焚烧其表面之后再泼上冷醋使之炸裂。

当欧洲势力控制埃及之后，从 18 世纪开始，方尖碑、石棺等埃及的文化珍宝纷纷被运到欧洲的公园广场中展示。

在 19 世纪，欧洲人在埃及的探险活动达到了巅峰。经费无忧的欧洲人雇用土著向导，在尼罗河西岸的沙漠和山谷中四处搜刮，寻找皇室墓穴、黄金珍宝、彩绘面具和棺木，拿去装点欧美的权贵庄园和公私博物馆。

在埃及各处圣地出土的人和动物木乃伊数量惊人，但它们只被当作是寻宝的障碍和难以清理的垃圾。常用的手法是将木乃伊石棺放在火上炙烤，等其中装填的沥青树脂融化之后，一股脑将其倒出来好搜寻木乃伊中的珍宝。

在寻宝探险中获取的品相较好的木乃伊，被当成欧洲上流社会派对中展出的异教猎奇物。除此之外它们还被当成药品原料和颜料使用，装满了木乃伊粉末的玻璃罐被当成包治百病的良药陈列在欧洲药店之中，而画家们将木乃伊粉末配制成棕色颜料，用来绘制阴影和人体肤色。

随着现代工业的发展，木乃伊被开发出更多的用途：英国和德国大量进口人类和动物木乃伊碾碎后作为肥料使用，美国也进口木乃伊用于造纸业。至于在埃及本土，这个世界上位于英国之后第二个拥有铁路的国家，选择把木乃伊用于蒸汽火车的燃料使用……

近6000年的历史，追寻奥西里斯足迹的永生之旅，都被时间打磨得难以直视。

甚至是到了现在，埃及全国的大小博物馆依旧没有完整地记录、研究甚至是统计过自己的所有文物藏品。

永远有多远？尼罗河无声呜咽。